Disruptionen erkennen, meistern und nutzen

Frank Liebermann

Disruptionen erkennen, meistern und nutzen

Unternehmen im Wandel erfolgreich führen

Springer Gabler

Frank Liebermann
Bern, Schweiz

ISBN 978-3-658-47194-1   ISBN 978-3-658-47195-8 (eBook)
https://doi.org/10.1007/978-3-658-47195-8

Die Deutsche Nationalbibliothek verzeichnet diese Publikation in der Deutschen Nationalbibliografie; detaillierte bibliografische Daten sind im Internet über https://portal.dnb.de abrufbar.

Springer Gabler ist ein Imprint der eingetragenen Gesellschaft Springer Fachmedien Wiesbaden GmbH und ist ein Teil von Springer Nature.
Die Anschrift der Gesellschaft ist: Abraham-Lincoln-Str. 46, 65189 Wiesbaden, Germany

Wenn Sie dieses Produkt entsorgen, geben Sie das Papier bitte zum Recycling.

Vorwort

„Zuerst ignorieren sie dich, dann lachen sie über dich, dann bekämpfen sie dich, dann gewinnst du!"

Mahatma Ghandi

Liebe Leserinnen und Leser,

Sie halten ein Buch zum Thema Disruption in den Händen. Disruption ist ein Thema, das zurzeit in vielen Fachbüchern behandelt wird. Im Kontext der Digitalisierung hat es zusätzlich an Relevanz gewonnen. Unternehmen müssen sich mit neuen Fakten auseinandersetzen. Marktführer können schnell ihre Position verlieren und insolvent werden oder deutlich an Bedeutung verlieren.

Da nützt es auch nichts, wenn man jahrelang seine Branche dominiert hat. Kodak, Thomas Cook, Brockhaus und Nokia sind nur einige Beispiele aus einer Liste von vielen gescheiterten Unternehmen. Alle diese Firmen haben den rechtzeitigen Wandel verschlafen. In den Führungsetagen haben diese prominenten Beispiele zu einem neuen Problembewusstsein geführt. Unternehmer stellen sich zunehmend die Frage, was sie tun müssen, damit ihnen dieses Schicksal erspart bleibt.

Dieses Buch möchte Ihnen das Konzept der Disruption anschaulich vermitteln. Gleichzeitig bekommen Sie wissenschaftliche Methoden an die Hand, die bei der Entdeckung von Disruptionen helfen. Folgende Fragen stehen im Vordergrund:

- Was ist unter Disruption zu verstehen und wie unterscheidet sich diese von Innovation?
- Welche Folgen kann Disruption für ein Unternehmen haben?
- Wie ist es möglich, disruptive Entwicklungen frühzeitig zu erkennen?
- Was können Unternehmen tun, um erfolgreich darauf reagieren zu können?

In den ersten vier Kapiteln finden Sie Erklärungen zum Thema Disruption. Es werden Beispiele aufgezeigt, die Begriffe definiert, eine Abgrenzung zur Innovation vorgenommen und ein Phasenmodell beschrieben, in dem Disruptionen ablaufen. Wichtige Treiber für Disruptionen sind technologische Entwicklungen und neue Geschäftsmodelle. Deren Auswirkungen sind im vierten Kapitel beschrieben.

Der zweite Teil des Buches zeigt drei wissenschaftliche Methoden auf, mit denen sich ein Unternehmen auf disruptive Entwicklungen vorbereiten kann. Zuerst geht es darum zu zeigen, was Pfadabhängigkeit ist, wie sich diese auswirkt und wie Unternehmen diese durchbrechen können. Das Thema Ambidextrie beschreibt, wie Unternehmen sich durch Innovation gegen Disruption schützen können, ohne das Kernbusiness zu vernachlässigen. Als letzte Methode ist das Thema Scouting beschrieben, welches hilft, neue Entwicklungen erst zu erkennen.

Diese Mischung aus theoretischen Ausführungen und Methoden für die Praxis gibt Ihnen ein Werkzeug an die Hand, mit dem Sie die Herausforderungen von disruptiven Entwicklungen besser bewältigen können.

Dieses Buch befasst sich mit disruptiven Entwicklungen. Daher dürfte es den Leser nicht verwundern, dass mehrere KI-Technologien zum Einsatz kamen. Die Nutzung umfasste unter anderem die Literaturrecherche, die Generierung von Ideen, die Strukturierung von Textteilen, das Erstellen von Zusammenfassungen und das sprachliche Redigieren des Textes. Alle Ergebnisse wurden vom Autor des Buches geprüft und verifiziert. Die KI diente als unterstützendes Tool, nicht als Ersatz für die Denkleistung des Autors.

Bern, Schweiz   Frank Liebermann

Inhaltsverzeichnis

Abbildungsverzeichnis

Tabellenverzeichnis

1

Die Macht der Disruption

„The electric light did not come from the continuous improvement of candles."

Oren Harari

Inhaltsverzeichnis

Zusammenfassung Die Musikindustrie erlebte durch technologische Innovationen wie das MP3-Format, Napster und Streaming-Dienste eine tiefgreifende Disruption. Dieser Prozess beschreibt, wie neue Technologien und Geschäftsmodelle bestehende Strukturen verdrängen. Etablierte Unternehmen ignorieren solche Technologien oft zunächst, da sie technisch unausgereift und auf Nischenmärkte beschränkt sind, während neue Akteure sie erfolgreich auf breiten Märkten etablieren.

© Der/die Autor(en), exklusiv lizenziert an Springer Fachmedien Wiesbaden GmbH, ein Teil von Springer Nature 2025
F. Liebermann, *Disruptionen erkennen, meistern und nutzen*,
https://doi.org/10.1007/978-3-658-47195-8_1

Disruption führt im Gegensatz zur Innovation zu fundamentalen Marktveränderungen. Häufig wird der Begriff jedoch missverstanden und inflationär verwendet. Beispiele wie Uber und Tesla zeigen, dass nicht jede Veränderung disruptiv ist, sondern oft lediglich bestehende Strukturen optimiert werden

Disruption ist nichts Neues. Die Wirtschaft verändert sich ständig. Unternehmen verschwinden, neue entstehen und etablieren sich auf den Märkten. Die Geschichte ist voll von Beispielen. Mechanische Webstühle konnten mehr Stoff verarbeiten als die Handwerker zu dieser Zeit, Dampfschiffe ersetzten Segelboote beim Transport von Waren und Autos ließen Kutschen und Pferde aus dem Verkehr verschwinden. Dieses Kapitel zeigt am Beispiel der Musikindustrie, wie disruptive Entwicklungen wirken und welche Folgen sie für die betroffenen Unternehmen haben.

1.1   Die Disruption der Musikindustrie

Diejenigen, die 50 Jahre oder älter sind, wissen vermutlich noch, wie es früher in einem Elektronikmarkt aussah. Dort hatte es riesige Plattenregale voll mit Schallplatten und Boxen, die mit CDs und DVDs gefüllt waren. In den Innenstädten gab es unzählige Läden, die sich auf den Verkauf von Unterhaltungsmedien spezialisiert hatten. Heute sind diese weitgehend verschwunden. Die Geschäfte wurden durch Dönerbuden, Handyläden und 1-Euro-Shops ersetzt. In den großen Mediamärkten ist zwar nach wie vor Musik erhältlich, aber in einer begrenzten Auswahl. Typische Kunden sind heute meistens Enkel, die ein Weihnachtsgeschenk für die Großeltern suchen, oder Nerds, die Schallplatten sammeln.

Das ist Disruption. Unternehmen und Produkte verschwinden. Sie machen Platz für Neues. Vor mehr als hundert Jahren prägte Joseph Alois Schumpeter den Begriff der „schöpferischen Zerstörung" (Manager Magazin, 2020). Weil Marktführer Entwicklungen und Trends verschlafen, mischen neue Unternehmen den Markt auf. Disruptive Unternehmen entwickelten innovative Konzepte. Dadurch überwinden sie durch die Neukombination von Geschäftsmodellen und Produkten alte Strukturen. Es gibt viele Gründe für das Verschwinden der Musikgeschäfte. Ein wesentlicher Faktor ist die Innovation. Sie ist meisten die erste Stufe, die einer Disruption vorausgeht. Einen großen Beitrag dazu lieferten die Mitarbeiter der Fraunhofer-Gesellschaft in Erlangen. Ihre Forschung hat maßgeblich dazu beigetragen, dass CD und Schallplatten vom Markt verschwunden sind. Das ursprüngliche Ziel war, Musikdateien so klein zu machen, dass sie in hoher Qualität über das Internet übertragen werden können. Damals waren die Bandbreiten sehr klein. Nach intensiver Forschung war es 1995 so weit. Das MP3-Format etablierte sich als neuer Standard (Dernbach, 2020). Plötzlich wurde es möglich, Musik über das Internet zu tauschen. Die Musikindustrie nahm davon am Anfang noch wenig Notiz. Das neue Format wurde hauptsächlich von technisch versierten Personen genutzt, während die Branchenführer wenig Interesse zeigten. Warum auch? Letztlich nutzten nur wenige Nerds das Format, das schwierig zu handhaben war und dessen Nutzen am Anfang gering blieb. Die Klangqualität der auf den Computern abgespielten Musik war im Vergleich zu den damals modernen Stereoanlagen eher mäßig. Zudem dauerten Downloads über die damaligen Modems am analogen Telefonanschluss aufgrund der geringen Datenübertragungsrate sehr lange.

Im nächsten Schritt begann sich die disruptive Technologie zu verbreiten. Dafür sorgte das Unternehmen Napster, das 1999 online ging. Über die Tauschbörse konnten Musikdateien kostenlos und ohne Rücksicht auf Urheberrechte heruntergeladen werden. Im Jahr 2001 luden die Nutzer der Tauschbörse rund zwei Milliarden Dateien herunter. Napster war Ende der 90er-Jahre die am schnellsten wachsende Gemeinschaft im Internet. Die Innovation wurde schlagartig einer breiten Öffentlichkeit bekannt. Bei den Rechteinhabern führte das zu Ärger. Die Transaktionen über Napster brachten den Rechtebesitzern keine Einnahmen, sodass die Musikindustrie finanziell unter Druck kam. Der Rechtsstreit mit Napster endete mit einem Sieg der Musikindustrie. Das nützte ihr allerdings nichts. Die Lawine war bereits ausgelöst.

Steve Jobs, CEO von Apple, erkannte das Potenzial von Streaming als einer der Ersten. Er konnte einen Teil der Musikindustrie davon überzeugen, ihm die Rechte an ihren Musiktiteln zu verkaufen. Im Jahr 2001 startete iTunes sein Angebot. Plötzlich war es möglich, für eine geringe monatliche Gebühr eine riesige Menge an Musik zu hören. Zusätzlich wurden Podcasts und Hörbücher als neue Angebote eingeführt (Müller, 2022).

In der Folge etablierten sich neue Streaming-Dienste wie Spotify, Amazon Music, YouTube oder Deezer. Der Verkauf von CDs und Schallplatten erfuhr einen drastischen Einbruch, bis heute. Im Jahr 2020 hatten 53 % der deutschen Bevölkerung einen kostenpflichtigen Account bei einem Online-Musikanbieter (Statista, 2023). Damit dominieren die disruptiven Akteure den Markt fast vollständig. Oder wissen Sie noch, wann Sie das letzte Mal eine CD gekauft haben?

Auch für die Künstler hat sich einiges verändert. Sie konnten Videos und Musik produzieren und selbst auf Plattformen veröffentlichen. Die Macht der Produzenten ist geschwunden. Profis arbeiten zwar weiterhin mit Studios zusammen, aber der Einfluss auf den Vertrieb ist begrenzt. Justin Bieber wurde bekannt, weil ein Musik-Scout ein YouTube-Video von ihm sah (heute, 2021).

Das Beispiel der Musikindustrie zeigt den Charakter der Disruption. Es beginnt mit einer Technologie, die von den Etablierten ignoriert wird. Dies liegt daran, dass sie technisch weniger ausgereift ist als die bestehende Lösung. Anwendung findet sie meist nur in einem begrenzten Marktsegment, das keine merkliche Relevanz hat. Dann treten Akteure auf den Markt, die die Technologie nutzen und in Kombination mit neuen Geschäftsmodellen zur Marktreife bringen. Plötzlich beschleunigt sich der Prozess. Die Entwicklungsgeschwindigkeit der etablierten Unternehmen kann mit der der neuen Anbieter nicht mehr mithalten. Dies führt zur Stagnation bei den bestehenden Anbietern oder zu deren verschwinden, während die Newcomer als neue Marktführer reüssieren.

Disruption ist nicht neu. Die Geschichte ist voll von Beispielen. Dampfschiffe lösten Segelschiffe ab, das Automobil die Kutschen und Ritter wurden überflüssig, weil jeder Landsknecht sie nach der Erfindung des Gewehrs vom Pferd schießen konnte.

Der Begriff ist heute in aller Munde. Die inflationäre Verwendung des Begriffs zeigt sich darin, dass er häufig auf verschiedene Situationen angewendet wird, die nicht immer dem ursprünglichen Mechanismus der Disruption entsprechen. Dies führt zu Verwirrung. So werden z. B. bloße

Marktkonkurrenz oder technologische Verbesserungen als „disruptiv" bezeichnet, ohne dass es zu einer tatsächlichen Veränderung der Marktstruktur kommt.

> **Merke!**
> - Disruption ist kein neuartiges Phänomen, es gibt viele historische Beispiele dafür.
> - Disruption ist ein Prozess, bei dem neue Technologien oder Geschäftsmodelle die Marktführer herausfordern. Dies geschieht durch die Schaffung neuer Märkte oder die Veränderung der bestehenden Marktstrukturen.
> - Etablierte Unternehmen ignorieren disruptive Technologien anfangs. Sie sind oft technisch weniger ausgereift sind und werden hauptsächlich nur in Nischenmärkten eingesetzt.
> - Neue Akteure nutzen dies, um mit neuen Technologien und Geschäftsmodellen die Marktführer zu verdrängen.

1.2   Nicht alles ist Disruption!

Der Begriff „Disruption" hat Eingang in die Literatur gefunden. Ursprünglich wurde das Konzept von Christensen (1997) entwickelt. Kaum eine Managementtagung kommt ohne den Hinweis auf disruptive Entwicklungen aus. Christensen et al. (2018) stellen fest, dass das Thema regelmäßig missverstanden wird. Disruption wird zunehmend als Synonym für Innovation verwendet. Nicht jede Produktentwicklung und nicht jedes Start-up, das Veränderungen auf den Markt bringt, ist jedoch disruptiv.

Christensen et al. (2015) analysierten das Transportunternehmen Uber. Seit seiner Gründung im Jahr 2009 ist Uber kontinuierlich gewachsen. An der Börse ist es inzwischen mit 160 Mrd. US-Dollar bewertet (Uber Aktie, 2024). Uber hat die Taxibranche verändert. Aber Uber ist nicht disruptiv. Eine Fahrt mit dem Unternehmen ist günstiger als eine Taxifahrt. Es wurde aber weder ein neuer Markt geschaffen oder ein neues Geschäftsmodell entwickelt. Die Leistung von Uber besteht darin, dass auch private Personen in das Beförderungsgeschäft einsteigen konnten und sie Angebot und Nachfrage mit einer App effizient zusammenbringen. Disruptoren schaffen in der Regel einen Markt, der vorher nicht existierte. Das ist bei Uber nicht der Fall. Ähnliches gilt für Tesla. Auch hier ist weder das Geschäftsmodell noch das Produkt disruptiv. Das Unternehmen entwickelt einen bestehenden Markt weiter und führt mit der Elektrotechnologie eine Innovation ein. Disruptionen entstehen in der Regel in einem Niedrigpreismarkt, der von den Marktführern vernachlässigt wird (Christensen et al. 2015). Die Situation von Tesla ist vergleichbar mit dem Übergang von der Langspielplatte zur CD. Autos funktionieren nach wie vor auf die gleiche Weise. Sie fahren nur mit Strom und haben technische Funktionalitäten die am Anfang neu waren, jetzt aber von den anderen Automobilherstellen kopiert werden.

> **Merke!**
> - Nicht jede Innovation ist disruptiv.
> - Disruption führt zu grundlegenden Veränderungen im Markt und verdrängt die etablierten Akteure.
> - Innovationen umfassen dagegen auch Verbesserungen innerhalb bestehender Strukturen.
> - Nischenmärkte sind wesentlich für die Entwicklung von Disruption.

Literatur

Christensen, C. M. (1997). *The innovator's dilemma: When new technologies cause great firms to fail.* Harvard Business School Press.

Christensen, C. M., Raynor, M. E., & McDonald, R. (2015). *What is disruptive innovation. Twenty years after the introduction of the theory, we revisit what it does – And doesn't – Explain.* Harvard Business Review. https://hbr.org/2015/12/what-is-disruptive-innovation. Zugegriffen am 12.03.2025.

Christensen, C. M., McDonald, R., Altman, E. J., & Palmer, J. E. (2018). Disruptive innovation: An intellectual history and directions for future research. Journal of management studies, 55(7), 1043–1078.

Dernbach, C. (2020). *Die MP3 Revolution begann in Deutschland.* Welt. https://www.welt.de/wirtschaft/webwelt/article211586433/25-Jahre-MP3-Format-Als-die-Musik-Revolution-in-Deutschland-begann.html. Zugegriffen am 12.03.2025.

heute. (2021). *YouTube machte diese Musiker zu Weltstars.* heute. https://www.heute.at/s/youtube-machte-diese-musiker-zu-weltstars-23430353. Zugegriffen am 12.03.2025.

Manager Magazin. (2020). *Der kreative Zerstörer.* Manager Magazin. https://www.manager-magazin.de/harvard/management/joseph-schumpeter-innovation-und-schoepferische-zerstoerung-a-00000000-0002-0001-0000-000091405742. Zugegriffen am 12.03.2025.

Müller, T. (2022). *Der iPod machte uns alle zu DJs. Apple stellt Kultgerät ein.* SRF. https://www.srf.ch/kultur/musik/apple-stellt-kultgeraet-ein-der-ipod-machte-uns-alle-zu-djs#:~:text=Erst%20Steve%20Jobs%20konnte%20die,entstand%20im%20Fr%C3%BChjahr%202001%20iTunes. Zugegriffen am 12.03.2025.

Statista. (2023, September 25). *Anteil der befragten Internetnutzer, die Musikstreaming-Dienste nutzen, in Deutschland in den Jahren 2013 bis 2020.* Statista. https://de.statista.com/statistik/daten/studie/685445/umfrage/nutzung-von-musikstreaming-in-deutschland/. Zugegriffen am 12.03.2025.

Uber Aktie. (2024, Oktober 12). *Kurs der Uber Aktie.* finanzen. https://www.finanzen.ch/aktien/uber-aktie. Zugegriffen am 12.03.2025.

2

Invention, Innovation und Disruption

„Change before you have to."

Jack Welch

Inhaltsverzeichnis

Zusammenfassung Disruption basiert auf Schumpeters Konzept der schöpferischen Zerstörung und beschreibt, wie neue Technologien und Geschäftsmodelle bestehende Strukturen verdrängen. Sie unterscheidet sich von Innovation, die bestehende Lösungen verbessert oder erhält. Während Innovation stabilisierend wirkt, führen disruptive Entwicklungen zu fundamentalen Marktveränderungen, indem sie neue Märkte schaffen und etablierte Marktführer verdrängen.

© Der/die Autor(en), exklusiv lizenziert an Springer Fachmedien Wiesbaden GmbH, ein Teil von Springer Nature 2025
F. Liebermann, *Disruptionen erkennen, meistern und nutzen,*
https://doi.org/10.1007/978-3-658-47195-8_2

Inventionen sind die Grundlage für Innovationen, dienen jedoch oft zunächst nur als Ideen oder technologische Fortschritte. Erst durch Marktfähigkeit und erfolgreiche Umsetzung entstehen Innovationen. Disruption hingegen entsteht, wenn neue Akteure mit vereinfachten und günstigeren Lösungen Nischenmärkte bedienen und schrittweise Marktführer herausfordern. Unternehmen müssen wachsam bleiben, um Disruption frühzeitig zu erkennen und darauf zu reagieren.

Der Begriff Disruption basiert auf dem Konzept von Joseph Schumpeter, der die schöpferische Zerstörung als zentrales Element der Wirtschaft verstand. Der Ökonom beschrieb, wie Innovationen die Märkte verändern. Sie sind der Motor für Wohlstand und Wachstum. Gleichzeitig treten alte Akteure zu Seite und neue kommen auf den Markt.

Disruption lässt sich nur verstehen, wenn die zugrunde liegenden Konzepte klar sind. Daher ist es notwendig, die Begriffe Invention, Innovation und Disruption zu definieren und die dahinterstehenden Konzepte zu erläutern.

2.1 Schumpeter und die schöpferische Zerstörung

Bei den Begriffen Invention, Innovation und Disruption herrscht oft Verwirrung bezüglich der Definitionen. Eine genaue Analyse der zugrunde liegenden Bedeutungen ist daher sinnvoll. Neue Produkte werden als „disruptiv" bezeichnet, ohne dass klar ist, was damit gemeint ist. Diese unscharfe Begriffsverwendung führt häufig zu Fehleinschätzungen. Jede Innovation wird dann als disruptiv interpretiert. Aufgrund der falschen Konnotation entstehen Irrtümer, die eine Unter- oder Überschätzung von Entwicklungen zur Folge haben. Unternehmen müssen diese Unterschiede verstehen, um angemessen zu reagieren. Deshalb beginnt dieses Kapitel mit einer Einordnung der Begriffe, auf den ein Abriss von Schumpeters Theorie der schöpferischen Zerstörung folgt.

Joseph Alois Schumpeter gilt noch heute als einer der bedeutendsten Ökonomen des 20. Jahrhunderts. Für ihn standen die Dimensionen

Kombination und Innovation für die wirtschaftliche Entwicklung im Zentrum. Kombination bedeutete, Produktionsmittel zu einem Produktionsorganismus zu kombinieren, der ein optimales Ergebnis erzielt. Hinzu kam als zweite Dimension die Innovation. Diese haben zum Ziel, eine noch bessere Kombination der eingesetzten Ressourcen zu erreichen (Brugger, 2017). Schumpeter differenzierte zwischen verschiedene Arten von Innovationen: die Entwicklung neuer Produkte, die Einführung neuer Produktionstechnologien, die Erschließung neuer Märkte und die Nutzbarmachung einer neuen Rohstoffquelle sowie die Umstrukturierung eines Industriezweiges (Schumpeter, 1993).

Diese Innovationen starten Entwicklungen, die etablierte Märkte und deren Akteure zerstören. Schumpeter hatte die damals revolutionäre Idee, dass Volkswirtschaften und Märkte nicht statisch sind, sondern sich durch Innovationen kontinuierlich weiterentwickeln. Die Treiber waren für ihn die Unternehmer, die mutig investierten und Innovationen aller Art erfolgreich auf den Markt warfen. Aufgrund der Dynamik führe das zur Zerstörung des Alten und zur Erneuerung der Wirtschaft, die den Motor des Kapitalismus bildete. Ohne diese Kräfte gäbe es nach Schumpeter kein Wachstum und keinen Wohlstand (Reichel, 2019).

Wettbewerb ist der Prozess, der zur Zerstörung führt. Einige Unternehmen haben Erfolg während andere scheitern. Priddat (2017) weist darauf hin, dass sich die Ökonomie oft als optimistische und euphorische Wissenschaft darstellt, die Konkurse nicht berücksichtigt. Demgegenüber habe Schumpeter die Innovationsdynamik betont, die die Verlierer durch einen Substitutionsprozess aus dem Markt drängt. Alte Innovationen werden durch neue ersetzt. Die Ökonomie ist demzufolge ein Prozess, bei dem nicht nur der Bessere gewinnt, sondern auch der Schlechtere verliert. Schumpeter legte mit seiner Theorie den Grundstein für das, was später Christensen (1997) als Disruption bezeichnete.

> **Merke!**
> - Durch Innovationen entsteht Dynamik in der Wirtschaft und auf Märkten. Indem das Alte zerstört wird, entsteht Neues. Dieser Prozess führt zu Wachstum und Wohlstand.
> - Wettbewerb spielt eine zentrale Rolle. Gemäß Schumpeter gibt es nicht Gewinner, es entstehen auch Verlierer.

2.2   Invention als Ursprung von Innovation

Inventionen gehen Innovationen voraus. Sie bilden die Basis für die Entwicklung von Innovationen. Inventionen sind bahnbrechende Ideen oder technologische Fortschritte. Sie dienen dazu, bestehende Produkte oder Dienstleistungen zu verbessern oder neue Märkte zu schaffen. Basis für Inventionen sind mehrere Faktoren. Das können wissenschaftliche Forschung, technologische Entwicklungen oder kreatives Denken sein. Erfindungen können neue Produkte, neue Methoden, neue Verfahren oder ein neues Geschäftsmodell sein. Das Cambridge Dicitionary definiert Invention als „Something that has never been made before, or the process of creating something that has never been made before [...]" (Cambridge Dictionary, 2023). Eine andere Definition beschreibt Invention, als die Entwicklung neuer Güter, Verfahren und Methoden, ohne dass es auf die kommerzielle Verwertung ankommt, als technische Erfindung, die erst in der wirtschaftlichen Anwendung zur wirtschaftlich relevanten Innovation wird. (Wirtschaftslexikon24, 2023) (Abb. 2.1).

Nicht aus allen Inventionen entstehen zwangsläufig Innovationen. Oft ist es die erfolgreiche Umsetzung der Idee in die Praxis, die Entwicklung eines marktfähigen Produktes oder einer Dienstleistung, die am Markt Akzeptanz findet und aus der Invention eine Innovation macht. Es war das Fraunhofer Institut, welches das MP3-Format erfand, aber erst durch iTunes wurde es zu einem marktfähigen Produkt. Innovation bezieht sich daher auf den gesamten Prozess von der Invention bis zur kommerziellen Umsetzung und Markteinführung. In diesem Zusammenhang sind Minimum Viable Products (MVP) relevant. Aufgeschlossene Kunden benötigen kein bereits vollständig ausgereiftes Produkt. Das MVP ist definiert als Innovation in einem frühen Entwicklungsstadium. Es ist so ausgereift,

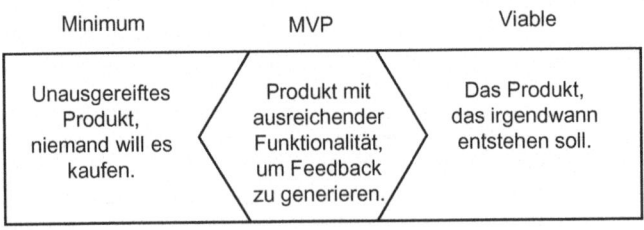

Abb. 2.1   Minimum Viable Product

dass ein Test unter realistischen Bedingungen bei Kunden möglich ist. Es soll kein Minimalprodukt sein, sondern beschreibt einen Entwicklungsschritt, bei dem mit geringem Aufwand ein aussagekräftiges Feedback generiert wird. Auf diese Weise lässt sich testen, ob eine Erfindung auf eine interessierte Zielgruppe trifft. (Kuenen, 2023).

Manche Erfindungen sind so revolutionär, dass sie zur Unzeit kommen. So wurden 1897 die von Charles Parsons entwickelten Turbinenmotoren von den britischen Admirälen als nicht leistungsfähig genug abgelehnt. Und auch große Denker sind vor Irrtümern nicht gefeit. Der deutsche Physiker Heinrich Hertz, Entdecker der Radiowellen, warnte Guglielmo Marconi, seine Experimente seien zum Scheitern verurteilt und Zeitverschwendung. Marconi machte weiter und sendete 1895 sein erstes drahtloses Signal. Hertz hatte sich geirrt (Joshi, 2017).

Transistoren, Laser, Mikroprozessoren und viele andere Produkte sind Beispiele, die die Bedeutung von Inventionen zeigen. Am Anfang wussten nur sehr wenige etwas damit anzufangen. Sie blieben zuerst ungenutzt, weil es zum Zeitpunkt der Erfindung keine Ideen oder Möglichkeiten gab, sie sinnvoll zu vermarkten.

Das Wichtigste in Kürze

- Inventionen sind Ideen oder technologische Fortschritte, die neue Produkte, Methoden, Verfahren oder Geschäftsmodelle erzeugen.
- Wissenschaftliche Forschung, technologische Entwicklungen oder kreatives Denken führen zu Inventionen, ohne notwendigerweise auf eine Verwertung zu zielen.

2.3 Innovation als Wettbewerbstreiber

Innovationen entstehen durch den Wettbewerb. Ziel ist es, durch Veränderungen oder Neuerungen eine Ausweitung der Kundenbasis zu erreichen. Im Gegensatz zur Invention muss es sich dabei nicht um eine grundlegende Neuerung handeln. Einfache Verbesserungen sind genügend. Schumpeter war der erste Ökonom, der Innovation als primäre unternehmerische Leistung verstand (Priddat, 2017; Schumpeter, 1993).

Der Begriff Innovation wird in der Literatur unterschiedlich definiert. Maier et al. (2023) beschreiben Innovation als die Entwicklung, die Einführung und die Anwendung neuer Ideen, Prozesse, Produkte oder Verfahren, von denen Einzelpersonen, Gruppen oder ganze Organisationen profitieren. Der Fokus ist die Verbesserung von Produkten oder Dienstleistungen oder die Entwicklung von etwas, das noch nicht vorhanden ist. Die Autoren unterscheiden drei Arten von Innovationen. Technologische Innovationen, administrative Innovationen und Innovationen, die zu einer Veränderung der Organisationsumgebung führen und deren Grenzen verschieben. Ein anderes Unterscheidungsmerkmal ist die programmierte Innovationen, die auf einer Planung oder einem bewusst gesteuerten Prozess basiert. Unprogrammierte Innovationen können durch Entdeckungen oder Krisen entstehen. Die Entwicklung von mRNA-Impfstoffen wurde durch die COVID-19-Pandemie deutlich beschleunigt, da die Notfallzulassungen für die Unternehmen neue Chancen mit sich brachten. Eine erfolgreiche Innovation muss in der Regel zu messbaren Verbesserungen führen, die sich durch eine schnellere oder bessere Lösung, mehr Sicherheit oder Kostenvorteile auszeichnen.

Hauschild & Gemünden (2005) stellten Dimensionen auf, die sie auf den Begriff Innovation anwendeten:

- Inhaltlich: Was ist neu?
- Intensität: Wie neu ist etwas?
- Subjektivität: Für wen ist etwas neu?
- Prozessual: Wo beginnt und endet die Neuerung?
- Normativ: Ist das Neue erfolgreich?

Afuah (2003) definierte technologische Innovation als die Anwendung von Wissen über Werkzeuge, Materialien, Prozesse und Techniken mit dem Ziel, eine Problemlösung herbeizuführen. Demnach ist Innovation ein iterativer Prozess. Der Glaube, dass eine Innovation ein einmaliges Ereignis sei, ist falsch. Innovation verlangt eine Reihe von Aktivitäten, die letztendlich etwas Neues in ein wertvolles Produkt umwandeln. Ebenfalls ist der Fokus nicht nur auf technische Innovationen zu richten, sondern auf soziale und wirtschaftliche (Möhrle, 2023).

Eine Gemeinsamkeit der Definitionen ist, dass Innovationen zur Verbesserung eines bestehenden Zustandes beitragen. Sie haben einen Neuigkeitswert mit einem Nutzen, der monetarisierbar sein muss.

Das Wichtigste in Kürze

- Innovation ist ein Prozess, der von der Entwicklung und Einführung neuer Ideen, Produkte, Verfahren oder Dienstleistungen bis zur erfolgreichen kommerziellen Umsetzung reicht.
- Innovationen führen zu messbaren Verbesserungen in bestehenden Prozessen, Produkten oder Dienstleistungen.
- Der Hauptzweck von Innovationen besteht darin, Bestehendes zu verbessern, Kundennachfragen zu erweitern und einen Nutzen zu schaffen, der auf dem Markt monetarisierbar ist.

2.4 Marktveränderungen durch Disruption

Einleitend wurde erwähnt, dass sich der Begriff der Disruption von Schumpeters (1993) Konzept der schöpferischen Zerstörung ableiten lässt. Ökonomen wie Christensen (1997) griffen das Thema auf und entwickelten es weiter. Der wesentliche Unterschied zwischen Disruption und Innovation liegt im revolutionären Charakter. Disruption zerstört vorhandene Lösungen, während Neues an die Stelle des Alten tritt. Der Begriff „Disruption" stammt etymologisch aus dem Lateinischen. Er lässt sich mit „Bruch", „Zerstörung" oder „Unterbrechung" übersetzten. Der Erfolg der Einführung einer Neuerung hängt nicht nur von der Lösung des zugrunde liegenden Problems ab. Vielmehr gilt es, nichttechnologische, soziale und psychologische Barrieren zu beseitigen. (Bower & Christensen, 1995).

In seiner Theorie erklärt Christensen (1997), wie kleine Unternehmen mit begrenzten Ressourcen in einen bestehenden Markt eindringen und etablierte Unternehmen erfolgreich herausfordern. Die etablierten Unternehmen bearbeiten die profitablen Kundensegmente im oberen Preis- und Leistungssegment. Aufgrund der langjährigen Marktpräsenz der Produkte und ihrer hohen Leistungs- und Qualitätsstandards funktioniert diese Strategie gut. Kunden mit geringen Produktanforderungen sind für die Etablierten dagegen von untergeordneter Bedeutung. Sie sind das Ziel der Disruptoren. Sie befriedigen die Bedürfnisse dort zu günstigen Preisen. Schrittweise dringen die Disruptoren in neue und höherwertige Marktsegmente vor, in denen sie die Marktführer Schritt für Schritt verdrängen. Dies geschieht so lange, bis sie selbst zum Marktführer aufsteigen. Disruptive Technologien und Geschäftsmodelle verändern auch Gewohnheiten im privaten und beruflichen Leben. Häufig sind sie qualitativ schlechter oder funktional spezieller, was mit ihrer Digitalisierung zusammenhängen kann. Erst nach längeren Zeiträumen nähern sie sich ihren Vorgängern an oder übertreffen sie in bestimmten Aspekten (Bendel, 2023). Das lässt sich einfach am Beispiel des Videostreaming verdeutlichen. Zu Beginn waren die Angebote von Netflix und Sky noch teuer, die Angebote waren limitiert. Mit der steigenden Anzahl von Usern verbesserte sich das Angebot. Heute stehen Blockbuster bereits wenige Wochen nach ihrem Erscheinen im Kino bei den Streaming Plattformen zur Verfügung. Verlierer sind Kinos, die sich auf einem schrumpfenden Markt behaupten müssen. Dasselbe gilt für das nichtlineare Fernsehen. Dieses disruptiert das traditionelle Angebot der öffentlich-rechtlichen Sender und des Privatfernsehens. Dort gehen nicht nur Zuschauer verloren, sondern auch Werbekunden. Christensen (1997) unterscheidet zwischen sustaining Innovationen, die eine bestehende Lösung verbessern oder erhalten und disruptiven Innovationen, die einen Markt für neue Kunden schaffen, der von den Marktführern nicht oder zu wenig beachtet wurde. Eine disruptive Innovation ist demnach eine Innovation, die bestehende Referenzlösungen ersetzt und dominante Marktteilnehmer eliminiert.

Schimpf (2019) beschreibt Innovationen vor diesem Hintergrund als ein konservierendes Element, welches die bestehenden Machtverhältnisse stabilisiert, während Disruptionen diese durcheinander bringen. Im Gegensatz zu Christensen und Raynor (2003) hat der Autor einen grundlegenden anderen Ansatz in seinem Verständnis von Disruption. Nicht nur niedrige Kosten seien eine zwingende Voraussetzung. Vielmehr sei es möglich, dass Disruption auch im oberen Preissegment stattfinde. Wenn ein Unternehmen diese Entwicklung frühzeitig erkennt, kann es Maßnahmen einleiten, die den Disruptor neutralisieren. Wenn ein Anbieter Anforderungen übererfüllt, entstehen häufig disruptive Potenziale. Eine sinnvolle Strategie ist es dann, wenn der Marktführer Produkte mit Basismerkmalen zu günstigen Preisen entwickelt, die den Disruptor stören oder aufhalten.

In der Praxis sind Unternehmen meist anpassungsfähig. Gerade die Konzepte der agilen Transformation haben zu einer grösseren Flexibilität und Offenheit geführt. Die Marktführer stehen vor der Herausforderung, erst im Nachhinein feststellen zu können, ob etwas tatsächlich disruptiv ist oder nicht. Für die Entscheidungsträger ist das schwierig. Sie können nicht auf jeden Trend reagieren, müssen aber dennoch wachsam sein.

> **Disruptionen entstehen, wenn kleine Unternehmen mit neuen Technologien oder Geschäftsmodellen in bestehende Märkte eindringen und dabei weniger leistungsfähige Produkte zu einem besseren Preis anbieten.**
>
> - Sustaining Innovation stabilisiert Märkte, während disruptive Innovationen neue Märkte schaffen.
> - Innovation hat einen stabilisierenden Charakter und zielt darauf ab, bestehende Machtverhältnisse zu erhalten, während Disruption Marktstrukturen grundlegend verändert.

Literatur

Afuah, A. (2003). *Innovation management: Strategies, implementation and profits.* Oxford University Press.

Bendel, O. (2023). *Dirsruptive Technologien.* Gabler Wirtschaftslexikon. https://wirtschaftslexikon.gabler.de/definition/disruptive-technologien-54194/version-384599. Zugegriffen am 12.03.2025.

Bower, J. L., & Christensen, C. M. (1995). *Disruptive technologies: Catching the wave.* Harvard Business Review. https://hbr.org/1995/01/disruptive-technologies-catching-the-wave. Zugegriffen am 12.03.2025.

Brugger, F. (2017). Joseph Alois Schumpeter. In K. Kraemer & F. Brugger (Hrsg.), *Schlüsselwerke der Wirtschaftssoziologie* (2. Aufl., S. 155–169). Springer.

Cambridge Dictionary. (2023, Oktober 4). *Invention.* In Cambridge Dictionary. https://dictionary.cambridge.org/de/worterbuch/englisch/invention. Zugegriffen am 12.03.2025.

Christensen, C. M. (1997). *The innovator's dilemma: When new technologies cause great firms to fail.* Harvard Business School Press.

Christensen, C. M., & Raynor, M. E. (2003). *The innovator's solution: Creating and sustaining successful growth.* Harvard Business School Press.

Hauschild, J., & Gemünden, H. G. (2005). Dimensionen der Innovation. In J. Hauschildt (Hrsg.), *Dimensionen der Innovation. Handbuch Technologie- und Innovationsmanagement: Strategie – Umsetzung – Controlling* (S. 21–38). Springer.

Joshi, M. (2017). Invention, Innovation and Innovative Practices: A reason to Study in a VUCA Perspective. *SSRN Electronic Journal, 5*(2), 97–109. https://doi.org/10.2139/ssrn.2250975. Zugegriffen am 12.03.2025.

Kuenen, K. (2023). *Minimum Viable Product (MVP).* Gabler Wirtschaftslexikon. https://wirtschaftslexikon.gabler.de/definition/minimum-viable-product-mvp-119157/version-368108. Zugegriffen am 12.03.2025.

Maier, W., Frey, D., Schulz-Hardt, S., & Brodbeck, F. C. (2023). *Innovation.* Spektrum. https://www.spektrum.de/lexikon/psychologie/innovation/7202. Zugegriffen am 12.03.2025.

Möhrle, M. (2023, 6. Oktober). Was ist Innovation. Gabler Wirtschafts- lexikon. https://wirtschaftslexikon.gabler.de/definition/innovation-39624/version-263028. Zugegriffen am 12.03.2025.

Priddat, B. (2017). Schöpferische Zerstörung als agens movens der Ökonomie. In B. Priddat & S. Bohnet-Joschko (Hrsg.), *Wittener Diskussionspapiere zu alten und neuen Fragen der Wirtschaftwissenschaft* (Bd. 44). Witten/Herdecke University, Faculty of Management and Economics.

Reichel, A. (2019). Die Neuerfindung des Neuen. Soziale Innovationen in kol- laborativen Innovationsprozesse. In H. Frambach, N. Koubek, H. D. Kurz, & R. Pfriem (Hrsg.), *Schöpferische Zerstörung und der Wandel des Unter- nehmertums.* Metropolis.

Schimpf, S. (2019). *Praxisstudie Innovation. Wie Unternehmen potenziell disruptive Technologien erkennen, bewerten, entwickeln und umsetzen.* Fraunhofer-ePrint. http://publica.fraunhofer.de/dokumente/N-540819.html. Zugegriffen am 12.03.2025.

Schumpeter, J. A. (1993). *Kapitalismus, Sozialismus, Demokratie* (9. Aufl.). UTB.

Wirtschaftslexikon24. (2023). *Invention.* Wirtschaftslexikon24. https://www.wirt-schaftslexikon24.com/d/invention/invention.htm. Zugegriffen am 12.03.2025.

3

Phasen der Disruption

„Manchmal ist es wichtig, etwas radikal Neues zu schaffen, anstatt zu versuchen, das Alte zu reparieren."

Elizabeth Holmes

Inhaltsverzeichnis

Zusammenfassung Disruptionen durchlaufen mehrere Phasen und folgen häufig dem S-Kurven-Modell, das den Lebenszyklus von Technologien beschreibt. Zu Beginn entstehen Inventionen oder Veränderungen in Märkten und Kundenbedürfnissen. Diese Innovationen werden oft unterschätzt und starten in Nischenmärkten. Mit wachsender Akzeptanz gewinnen sie an Marktanteilen, während etablierte Unternehmen zuneh-

© Der/die Autor(en), exklusiv lizenziert an Springer Fachmedien Wiesbaden GmbH, ein Teil von Springer Nature 2025
F. Liebermann, *Disruptionen erkennen, meistern und nutzen*,
https://doi.org/10.1007/978-3-658-47195-8_3

mend unter Druck geraten. Schließlich beschleunigt sich die Entwicklung, und die Disruptoren verdrängen die Marktführer, bis sie selbst den Mainstream dominieren.

Das sechsstufige Phasenmodell der Disruption verdeutlicht, wie technologische und soziale Veränderungen etablierte Märkte grundlegend umgestalten. Für Unternehmen ist es essenziell, den Übergang zu neuen Technologien frühzeitig zu erkennen, um langfristige Wettbewerbsfähigkeit zu sichern. Agilität und Dynamik sind entscheidend, um nicht von Disruptoren überrollt zu werden.

Disruptionen fallen nicht vom Himmel. Sie durchlaufen mehrere Phasen. Jede davon enthält Signale, die einem aufmerksamen Beobachter das disruptive Potenzial aufzeigen. Die Schwierigkeit besteht darin, sie zu erkennen. Immer wieder neue Trends, scheinbare Innovationen und Modeerscheinungen führen zu einer verwirrenden Situation, die es erschwert, sich zurechtzufinden. 3D-Fernseher, Google+, Segways und viele andere Dinge sind wieder aus der öffentlichen Aufmerksamkeit verschwunden, nachdem sie eine Zeit lang das Interesse auf sich gezogen haben.

3.1　Das S-Kurven-Modell

Einen Ansatz zur Erklärung disruptiver Entwicklungen entwickelte 1986 Richard N. Forster. Er beschrieb den Verlauf von Technologien als S-Kurven. Das Modell zeigte das Leistungspotenzial einer Technologie im Verhältnis zu den für Forschung und Entwicklung aufgewendeten Ressourcen. Je länger ein Produkt besteht, desto höher sind die Aufwendungen für Verbesserungen. Technologien, die dem Modell von Forster (1986) folgen, zeigen einen ähnlichen Verlauf wie Produktlebenszyklen. Eine Technologie erreicht nach einer bestimmten Zeit ihr Leistungspotenzial und weitere Optimierungen sind dann kaum mehr sinnvoll möglich. Ähnliches gilt für Produkte, die auf Technologien basieren.

In der Anfangsphase beginnt der Leistungsanstieg meist langsam. Bis Wachstum und Akzeptanz eines neuen Produkts Fahrt aufnehmen, vergeht oft eine gewisse Zeit. Dies liegt daran, dass viele Menschen skeptisch sind, solange sie ein neues Produkt nicht kennen. Das Kaufinteresse ist daher eher gering (Möhrle & Specht, 2023). Wenn der Nutzen der Entwicklung klarer wird und die Kunden positive Erfahrungen sammeln, beschleunigt sich das Wachstum und die Akzeptanz steigt. Immer mehr Meschen springen dann auf die Neuigkeit auf und nutzen sie. Damit steigt auch die Verbreitung. Die Investitionen zur Verbesserung der Nutzung sind in dieser Phase gering. Der Mehraufwand wird durch die Leistungssteigerungen kompensiert. In der Reifephase erreicht das Produkt eine hohe Qualität. Das Wachstum verlangsamt sich. Der Grund ist, dass der Großteil der relevanten Zielgruppe bereits Nutzer ist. Ursachen sind meist eine Marktsättigung oder veränderte Kundenbedürfnisse. Will ein Unternehmen weiterhin Verbesserungen erzielen, sind oft immense Investitionen in die Weiterentwicklung notwendig, die meist nicht durch einen ausreichenden Leistungszuwachs gerechtfertigt sind. Ab diesem Zeitpunkt sollten die Ressourcen in Substitutionstechnologien fließen (Möhrle & Specht, 2023; Tiefel, 2008).

Im S-Kurven-Modell wird diese Situation durch das Auftauchen einer zweiten Kurve markiert. Die etablierte Technologie hat die Grenze ihrer Leistungsfähigkeit erreicht, was durch die alte Kurve dargestellt wird. Es taucht etwas Neues auf, was durch die zweite S-Kurve repräsentiert wird. Diese Technologie steht noch am Anfang. Foster (1986) bezeichnet diese Überlappung als Diskontinuität. Unternehmen rät er, den Verlauf der eigenen S-Kurve genau zu beobachten. Daraus lassen sich Rückschlüsse ziehen, wann der Sprung zu einer neuen Technologie notwendig wird.

Das S-Kurven-Modell ist eine vereinfachte Darstellung von Veränderungsprozessen. Sie visualisiert den Lebenszyklus von Innovationen, Technologien, Produkten oder Ideen. Damit können Entscheidungen bezüglich Investitionen, Marketingstrategien und Ressourcenallokation getroffen werden.

Ein Beispiel für die S-Kurve sind Glühbirnen. Sie waren lange Zeit die wichtigste Lichtquelle. Innovationen gab es kaum noch. In den letzten Jahrzehnten wurden sie zunehmend durch energiesparende LED-Lampen mit längerer Lebensdauer und höherer Effizienz ersetzt. Am Anfang war die LED-Technologie unterschätzt, heute dominiert sie den Markt von Leuchtmitteln (Abb. 3.1).

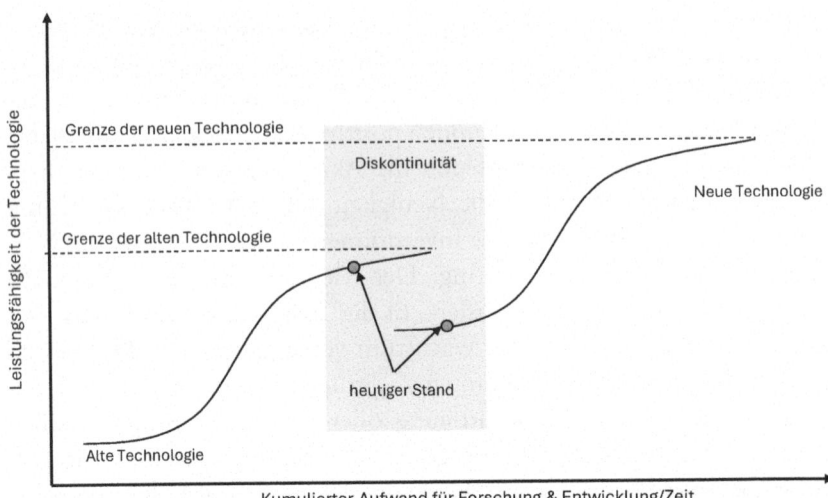

Abb. 3.1 S-Kurven-Konzept. (Adaptiert nach Möhrle & Specht, 2018)

Merke!

Der S-Kurven-Verlauf lässt sich in drei Phasen unterteilen:

1. Anfangsphase: Einführung einer Neuerung mit langsamem Wachstum und geringer Akzeptanz. Grund sind skeptische Kunden, die es zu überzeugen gilt.
2. Wachstumsphase: Der Nutzen wird bekannt, positive Erfahrungen von Kundengruppen führen zu einer Beschleunigung des Wachstums. Auch die Akzeptanz steigt. In dieser Phase führen geringe Investitionen zu signifikanten Leistungssteigerungen.
3. Reifephase: Das Produkt erreicht eine hohe Qualität. Das Wachstum verlangsamt sich oder stagniert. Der Großteil der Zielgruppe ist bereits erreicht ist. Verbesserungen erfordern Investitionen, die nicht durch entsprechende Leistungszuwächse gerechtfertigt sind.

3.2   Ein Phasenmodell der Disruption

In diesem Kapitel ist ein sechsstufiges Phasenmodell der Disruption dargestellt. Es basiert auf den Modellen von Christensen (1997), Sinofsky (2023) und Wirtz & Langer (2016). Um Disruption in der Tiefe zu verstehen, ist es notwendig sich den Phasenverlauf anzuschauen. Disruption tritt nicht einfach auf, sondern sie durchläuft mehrere Phasen, bis sie den Marktführer ersetzt.

3.2.1 Vorbedingungen und Vorläufer – Änderungen im Umfeld

Vor einer Disruption kommt es zu Veränderungen im Umfeld. Neue Technologien entstehen, Kundenbedürfnisse ändern sich, Märkte sind im Umbruch oder Krisen treten auf. Grundlage für viele neue technologische Entwicklungen war das Internet. Hilbert und López (2011) zeigen, dass 1993 nur ein Prozent der Kommunikation über das Internet erfolgte. Im Jahr 2000 waren es 51 % und im Jahr 2007 97 %. Dies hatte Auswirkungen auf nahezu alle Branchen, inklusive deren Arbeitnehmer.

Eine weitere Vorbedingung sind die sich verändernden Kundenbedürfnisse. Heute sind andere Aspekte beim Erwerb von Waren wichtig als noch vor einigen Jahren. Beispielsweise setzen Menschen bei der Ernährungsthematik heute andere Prioritäten als noch vor einigen Jahren (Brombach & Duensing, 2021). Dieses wurde durch die Anbieter von Lebensmitteln stark beeinflusst. Ein Wandel fand in der Branche statt, Themen wie Nachhaltigkeit, Vegan, etc. gewinnen an Wichtigkeit. Wirtschaftliche Veränderungen können ein weiterer starker Treiber sein. Während vor der COVID-Pandemie die Globalisierung ein zentrales Element für die Intensivierung internationaler Lieferketten war, so zeichnet sich aufgrund neuer oder schwelender militärischer Konflikte und unterbrochener Lieferketten ein Wandel ab.

Krisen haben einen disruptiven Charakter. Die Evolutionsbiologin Ruth DeFries (2014) spricht von einer Evolution durch Katastrophen. Sie beschreibt die Geschichte der menschlichen Zivilisation als eine Abfolge von Zerstörung und Wiederaufbau zum Besseren. Auch die Natur beruht auf Katastrophen. Ohne das Aussterben der Dinosaurier wären die Säugetiere nicht zum dominanten Akteur auf diesem Planeten aufgestiegen. Der Mensch hat in seiner Entwicklung gelernt, dass er nicht jeden Tag sammeln und jagen muss, wenn er Tiere züchten und Pflanzen anbauen kann. Dies hat zu einer Entwicklung geführt, die den Menschen zur dominierenden Lebensform auf der Erde gemacht hat.

3.2.2 Eintrittsphase – Inventionen als Basis

Die Invention ist die nächste Stufe der Disruption. Eine Invention bildet die Basis für ein Produkt oder eine Dienstleistung und schafft die Grundlage für weitere Innovationen. Sie hat daher oft die Rolle einer Schlüsseltechnologie (SDI-Research, 2023). Inventionen sind in der Regel noch nicht kommerzialisiert. Innovatoren entwickeln daraus marktfähige Produkte und Dienstleistungen. Die Tab. 3.1 zeigt die charakteristischen Beziehungen zwischen Invention und Innovation.

Inventionen haben oft Akzeptanzprobleme. Sie sind noch zu klein oder unbedeutend, um von etablierten Unternehmen oder auch von Experten ernst genommen zu werden. Das liegt daran, dass viele erfolgsversprechende Rahmenbedingungen noch nicht vorhanden sind. Ein Musterbeispiel dafür ist Kodak. Steven Sasson arbeitete als Ingenieur für den Fotokonzern. 1975 konstruierte er die erste Digitalkamera, indem er ein Super-8-Kameraobjektiv mit einem Analog-Digital-Wandler kombinierte (invent, 2023). Das Patent lag bei Kodak lange Zeit ungenutzt in den Schubladen, bis es von Apple und anderen vermarktet wurde. Kodak verpasste den Anschluss. Von einem der wertvollsten Unternehmen der Welt wurde es zu einem unbedeutenden Nischenanbieter. Schuld daran waren mehrere Faktoren. Günstige Prozessoren, die Miniaturisierung in der Elektronik, hohe Bandbreiten im Internet mit erschwinglichen Prei-

Tab. 3.1 Unterschiede zwischen Invention und Innovation

	Invention	Innovation
Bedeutung	Eine neue Idee entsteht, die noch nicht vorhanden war.	Aus einer Invention wird ein Produkt oder eine Dienstleistung erstellt.
Gegenstand	Eine Idee oder eine Technologie besteht, die noch kein reifes Produkt ist.	Etwas Neues wird so umgesetzt, dass es kommerziell verwertbar ist.
Entstehung	Kann durch Zufall oder durch einen systematischen Prozess entstehen.	Ein Bedürfnis für die Verbesserung oder Weiterentwicklung von etwas besteht.
Umfang	Ein singuläres Element mit Nutzen.	Ein singuläres Element wird mit bestehenden Anteilen kombiniert oder weiterentwickelt.

sen für die Masse der Bevölkerung und ein Geschäftsmodell, das Bilder nicht mehr ausdruckte, sondern als Datei über soziale Medien verschickte, führten zum Niedergang des Farbfilms und damit zum Scheitern von Kodak.

Inventionen bleiben meist unbekannt, da sie nicht im sichtbaren Bereich der Unternehmen entstehen. Dennoch kann es sich lohnen, wachsam zu bleiben. Aus Inventionen können Innovationen mit Marktpotenzial werden, auch wenn keine disruptiven Entwicklungen entstehen. Inventionen können eine erste Wachstumsphase begünstigen, die zur Entstehung einer Nische führen kann.

Disruptionen starten in Marktnischen. Christensen (1997) analysierte den Prozess am Beispiel der Festplattenindustrie. Die Marktführer entwickelten fortlaufend neue Leistungsmerkmale. Am Markt waren diese meist nicht relevant, da die Kunden einfach Festplatten zu günstigen Preisen wollten. Es entstand eine Lücke zwischen dem Bedarf der Kunden und den immer innovativeren Produkten. Der Markt öffnete sich, da die meisten Käufer die neuen Leistungsmerkmale nicht bezahlen wollten. Abernathy und Clark (1985) beschrieben ein Unternehmen als technologisch kompetent, wenn die entwickelten Produkte in mindestens einer Dimension einen Wettbewerbsvorteil mit sich bringen. Der muss für die Kunden von Wert sein. Leistungsmerkmale an sich, die keine Kundenwünsche treffen, sind wertlos, meint Christensen (1997).

Schmidt und Druehl (2008) prägten den Begriff „Encroachment". Damit beschrieben sie Situationen, in denen neue Produkte einem bestehenden Produkt den Umsatz abnehmen. Low-End-Encroachment wird so erklärt, dass ein neues Produkt zunächst das bestehende Produkt im unteren Marktsegment verdrängt und dann nach oben vordringt. Alternativ ist es den Autoren zufolge möglich, dass die Diffusion zur Entwicklung neuer Marktsegmente führt, von denen die Disruption ausgeht. Die digitale Fotografie ist ein Beispiel dafür, wie mit einem langsamen Wachstum den Farbfilmen das Ende bereitet wurde.

In Nischen lassen sich Kundensegmente finden, die spezielle Bedürfnisse und Anforderungen haben. Das können niedrige Preise sein, aber auch technikaffine Kunden, die immer das Neueste haben wollen. Das MP3-Format für Musik nutzen zu Beginn meist nur interessierte IT-Spezialisten. Der Grund war, dass diese im Gegensatz zu den privaten

Anwendern oft schon Zugang zu Internetverbindungen mit guten Übertragungsraten hatten, was die Downloads vereinfachte. Die Musikindustrie erkannte die Bedrohung nicht. Wären sie damals in den Streaming-
Markt eingestiegen, hätten sie sich etablieren können. Doch warum
wurde diese Entwicklung unterschätzt? Ein der Gründe ist, dass die
neuen Produkte qualitativ schlechter waren. Die Bilder der ersten Digital-
kameras hatten eine Auflösung von 100×100 Pixel, während Farbfilme
ein Vielfaches davon auswiesen. Da Farbfilme hochprofitabel waren,
drohte die Digitaltechnik das etablierte Geschäftsmodell zu zerstören.
Andere Anbieter erkannten den Trend und investierten in Digital-
kameras. Diese erfüllten mehrere Eigenschaften, die Christensen et al.
(2018) als disruptiv beschrieben. Sie waren einfacher zu bedienen und
benötigten keinen Film. Die Marktführer unterschätzten das Potenzial
der steigenden Übertragungsraten im Internet und dass sich die Nische
zum neuen Mainstream entwickeln würde.

3.2.3 Wachsende Marktanteile in der Reifephase

In der Reifephase der Disruption ist bereits ein relevanter Marktanteil entstanden. Der Kundenkreis hat eine beachtenswerte Größe gewonnen. Die
Disruptoren gewinnen an Boden, da sie weiterhin auf Innovationen setzen. Die Produkte oder Dienstleistungen weisen Leistungsmerkmale auf,
die sich von denen der Etablierten abheben. AirBnB ist ein solches Beispiel
Durch die Vermittlung von Übernachtungsangeboten durch eine App, bei
der auch Privatpersonen Angebote unterbreiten können, ist ein völlig
neues Angebot entstanden. Hotels und Pensionen sind dadurch unter
Druck geraten. In dieser Phase wenden sich viele Kunden von den etablierten Anbietern ab. Neue Wertschöpfungsketten entstehen, die zu einer
wachsenden Akzeptanz der Disruptoren führten (Wirtz & Langer, 2016).
   Darauf müssen die Marktführer reagieren. Viele konzentrieren sich auf
die bestehenden Kunden. Das etablierte Management versucht, sie zu
binden, indem es in ihre Bedürfnisse investiert. Diese Ressourcen fehlen
für die neuen Märkte. Der Wettbewerb wird wahrgenommen, aber nicht
mit der notwendigen Ernsthaftigkeit. Innovationen werden gefördert,

aber nicht mit ausreichenden Ressourcen ausgestattet. Meist gelingt es dennoch, die alte Welt zu stabilisieren (Bower & Christensen, 1995). Das Unternehmen ist dann durch eine Stakeholder- und Strategiekrise gekennzeichnet (Crone & Werner, 2013; Massmann, 2019). Es fehlen kohärente Strategien für die zukünftige Ausrichtung des Unternehmens.

3.2.4 Beschleunigungsphase und der neue Mainstream

In der Beschleunigungsphase tritt die disruptive Technologie in den Mainstream-Markt ein. Sie konkurriert aktiv mit den etablierten Unternehmen und Produkten. Da die Nischentechnologie mittlerweile wettbewerbsfähig ist und zu niedrigeren Kosten angeboten werden kann, gewinnt sie Marktanteile. Die Etablierten geraten unter Druck. Die Leistungsmerkmale der disruptiven Technologie überschneiden sich mit denen der Marktführer (Christensen & Raynor, 2003). Der Wendepunkt ist erreicht. Der Einfluss auf den Markt und die Branche steigt, die Marktführer beginnen im bedrohten Segment zu schrumpfen. Kunden wandern ab, aber auch Mitarbeiter und andere Ressourcen (z. B. Investoren), wandern zu den Newcomern.

3.2.5 Die Transition als Wendepunkt

Die Übergangsphase markiert den Wendepunkt. Die Disruptoren werden zu den dominanten Anbietern. Die Markt- und Wertschöpfungskonstellationen verändern sich, was zu einem Umbruch der Märkte führt (Wirtz & Langer, 2016; Christensen, 1995). Kunden und Anbieter beginnen Produkte anders zu betrachten. Andere Funktionalitäten gewinnen an Wichtigkeit, die alten Kriterien verlieren an Bedeutung (Schultz, 2019). Musikstreaming hat das Kaufmodell von Musik beseitigt. Früher wollten Kunden Musik „besitzen". Sie kauften Tonträger, die dann in Form von Schallplatten und CDs zur Verfügung standen. Heute besitzen Kunden die Musik nicht mehr. Sie „streamen" diese. Damit zahlen sie eine Miete für den Service, ohne ein physisches Gut zu besitzen.

Auf diese Entwicklungen kann auf unterschiedliche Weise reagiert werden:

- Nachahmung: Es wird versucht, ähnliche Geschäftsmodelle oder Technologien auf den Markt zu bringen.
- Investition: Verstärkte Investitionen in Forschung und Entwicklung, um innovative Ideen zu generieren.
- Kooperation: Zusammenarbeit mit den Disruptoren, mit dem Ziel, von der Technologie und der der Kundenbasis zu profitieren
- Integration: Aufkauf der Disruptoren, um deren Entwicklung zu nutzen.

Die meisten dieser Möglichkeiten sind erfolgreich, solange noch genügend Kapital vorhanden ist. Ist dieses aufgebraucht, droht dem etablierten Unternehmen die Substitution durch die Disruptoren.

3.2.6 Der Disruptor wird zum Marktführer

In der neuen Normalität scheiden die alten Anbieter aus dem Wettbewerb aus oder spielen eine untergeordnete Rolle. Die Disruptoren sind nun Marktführer und unterliegen dem gleichen Prozess wie die alten Marktführer. Christensen (1997) nannte diesen Effekt das „Innovators Dilemma".

Merke!

Der Prozess der Disruption verläuft in folgenden Schritten:

1. Neue Technologien, veränderte Kundenbedürfnisse, Marktumbrüche oder Krisen schaffen die Grundlage für Disruptionen.
2. Neue Ideen oder Technologien, die entstehen, haben keine kommerzielle Basis, daher werden sie oft unterschätzt oder ignoriert.
3. Neue Produkte gelten als minderwertig, nur ein Nischenpublikum nutzt diese.
4. Die Marktanteile der Disruptoren wachsen, während sich die Marktführer auf ihre Stammkunden fokussieren.
5. Die Disruption beschleunigt sich und wird zum neuen Mainstream.
6. Der Prozess startet neu. Nun ist der neue Marktführer derjenige, der angegriffen wird.

3.3   Disruption und S-Kurven

Beide Modelle zeigen, wie wichtig es für Unternehmen ist, den richtigen Zeitpunkt für den Absprung zu etwas Neuem zu erkennen. Festhalten an veralteten Produkten und Services kann kurzfristig profitabel sein, führt langfristig aber zu Problemen. Die Disruptionstheorie von Christensen (1997) ergänzte das S-Kurven-Modell. Sie zeigt die Verdrängung der Marktführer in einem mehrstufigen Modell.

Kritisch ist für die Unternehmen der eigene Erfolg. Wird an diesem zu lange festgehalten, kann eine Verdrängung erfolgen. Unternehmen müssen daher agil und dynamisch sein und diese Entwicklungen im Blickpunkt behalten, wollen sie nicht von Disruptoren überrollt werden.

Literatur

Bower, J. L., & Christensen, C. M. (1995). *Disruptive technologies: Catching the wave.* Harvard Business Review. https://hbr.org/1995/01/disruptive-technologies-catching-the-wave. Zugegriffen am 10.03.2025.

Brombach, C., & Duensing, A. (2021). *Essen der Zukunft: Wer oder was bestimmt die Ernährung von morgen?* Zürich University. https://digitalcollection.zhaw.ch/bitstream/11475/23350/3/2021_Brombach-Duensing_EssZuk-Studie-Kurzfassung.pdf. Zugegriffen am 10.03.2025.

Christensen, C. M. (1997). *The innovator's dilemma: When new technologies cause great firms to fail.* Harvard Business School Press.

Christensen, C. M., & Raynor, M. E. (2003). *The innovator's solution: Creating and sustaining successful growth.* Harvard Business School Press.

Christensen, C. M., McDonald, R., Altman, E. J., & Palmer, J. E. (2018). Disruptive innovation: An intellectual history and directions for future research. *Journal of Management Studies, 55,* 1043–1078. https://doi.org/10.1111/joms.12349. Zugegriffen am 10.03.2025.

Crone, A., & Werner, H. (2013). *Modernes Sanierungsmanagement. Sanierungskonzepte, Finanzierungsinstrumente, Insolvenzverfahren, Haftungsrisiken, Arbeitsrecht und Verhandlungsführung* (4. Aufl.). Vahlen.

Forster, R. N. (1986). *Innovation: Die technologische Offensive.* Gabler.

Hilbert, M., & López, P. (2011). The world's technological capacity to store, communicate, and compute information. *Science, 332*(6025), 60–65. https://doi.org/10.1126/science.1200970. Zugegriffen am 10.03.2025.

invent.org. (2023). *Steve Sasson: A legacy of innovation. Leaders in innovation.* invent.org. https://www.invent.org/blog/inventors/Legacy-Steve-Sasson. Zugegriffen am 10.03.2025.

Massmann, C. (2019). Disrupt or get disrupted: Handlungserfordernisse und Chancen der digitalen Transformation erkennen. In R. Fürst (Hrsg.), *Gestaltung und Management der digitalen Transformation* (S. 119–133). Springer.

Möhrle, M., & Specht, D. (2018). *S-Kurven-Konzept.* Gabler Wirtschaftslexikon. https://wirtschaftslexikon.gabler.de/definition/s-kurven-konzept-43411/version-266741. Zugegriffen am 10.03.2025.

Möhrle, M. & Specht, D. (2023). S-Kurven-Konzept. Gabler Wirtschaftslexikon. https://wirtschaftslexikon.gabler.de/definition/s-kurven-konzept-43411/version-266741. Zugegriffen am 10.03.2025.

Schmidt, G. M., & Druehl, C. T. (2008). When is a disruptive innovation disruptive? *Journal of Product Innovation Management., 25*(4), 347–369. https://doi.org/10.1111/j.1540-5885.2008.00306.x. Zugegriffen am 10.03.2025.

Schultz, C. (2019). Theorie der disruptiven Innovation. *Das wirtschaftswissenschaftliche Studium, 48*(78), 4–11.

SDI-Research. (2023). *Invention.* SDI-Research. https://www.sdi-rese-arch.at/lexikon/invention.html#:~:text=Invention%20%2D%20grunds%C3%A4tzliche%20Neuerfindung%20eines%20Produktes,der%20Transistor%2C%20der%20Laser%20usw. Zugegriffen am 10.03.2025.

Sinofsky, S. (2023). *The four stages of disruption.* A16z.com. https://a16z.com/the-four-stages-of-disruption/. Zugegriffen am 10.03.2025.

Tiefel, T. (2008). Technologielebenszyklus-Modelle – Eine kritische Analyse. In T. Tiefel (Hrsg.), *Gewerbliche Schutzrechte im Innovationsprozess.* Gabler. https://doi.org/10.1007/978-3-8350-5496-7_2. Zugegriffen am 10.03.2025.

Wirtz, B. W., & Langer, P. F. (2016). *Digitale Disruption. Bedeutung, Auswirkungen und Strategien.* Beck. https://rsw.beck.de/docs/librariesprovider75/default-document-library/beitrag-wirtz-langer-wist-06-2021.pdf?sfvrsn=a8131bc9_0. Zugegriffen am 10.03.2025.

4

Disruptive Treiber

*„Disruptors don't have to discover something new; they just
have to discover a practical use for new discoveries"*

Jay Samit

Inhaltsverzeichnis

Zusammenfassung Disruptive Treiber entstehen durch neue Technologien wie Big Data, IoT, und KI sowie innovative Geschäftsmodelle. Big Data ermöglicht die Analyse riesiger Datenmengen, IoT verbindet physische Objekte in Echtzeit, und KI automatisiert Prozesse und fördert Innovationen. Diese Technologien schaffen neue Geschäftsmodelle wie Plattformbusiness, Intermediation, und personalisierte Erlösmodelle.

Digitale Geschäftsmodelle kombinieren datenbasierte Produkte, digitale Vermittlung und Kundenschnittstellen. Plattformen wie Amazon

F. Liebermann, *Disruptionen erkennen, meistern und nutzen*,
https://doi.org/10.1007/978-3-658-47195-8_4

oder soziale Netzwerke schaffen durch Interaktion Wert. Modelle wie Freemium, Micropayments und Abonnements prägen die Monetarisierung. Unternehmen müssen diese Potenziale nutzen, um wettbewerbsfähig zu bleiben und sich an veränderte Marktanforderungen anzupassen.

Disruptive Treiber sind neue Geschäftsmodelle, neue Technologien oder eine Kombination aus beidem.

Bei den Technologien dominieren Künstliche Intelligenz, Big Data und IoT. Daten, Sensoren und intelligente Analyseinstrumente schaffen vollkommen neue Chancen. Aber auch Entwicklungen in den Bereichen Cloud Computing, Blockchain und Mobile wirken sich aus.

Hinzu kommen neue Geschäftsmodelle oder die Ausweitung bestehender Geschäftsmodelle auf neue Branchen. Zusätzlich verändern Plattformbusiness, Intermediation und Disintermediation sowie neue Erlösmodelle die Wertschöpfung.

4.1 Neue Technologien als disruptive Basis

Das Thema Disruption ist eng mit Technologien verbunden. Sie bilden die Grundlage für neue Produkte, Dienstleistungen und Geschäftsmodelle. In diesem Kapitel sind drei grundlegende Technologien beschrieben, die Veränderungen in der Wirtschaft der Zukunft mit sich bringen: Big Data, Internet of Things (IoT) und Künstliche Intelligenz.

4.1.1 Big Data

Das Internet, soziale Medien und digitale Technologien haben zu einer Explosion der Datenmengen geführt. In den 1990er-Jahren bestanden Daten hauptsächlich aus Texten, in den 2000er-Jahren kamen multimediale Elemente wie Bilder und Videos dazu. Mit der Durchdringung der Gesellschaft durch Smartphones in den 2010er-Jahren gab es einen weiteren Anstieg. Mobiltelefone generieren ständig neue Daten, z. B. Standortinformationen. Nach Prognosen (Stand 2023) entstehen rund 2,5 Billionen Bytes neue Daten täglich (PWC, 2022).

Big Data umfasst die Erfassung, die Speicherung, die Analyse und die Interpretation von Daten aus heterogenen Quellen. Dahinterstehende Technologien sind verteilte Datenbanken, maschinelles Lernen und statistische Modelle. Mit diesen lassen sich Muster, Trends und Erkenntnisse generieren. Mayer-Schönberger und Cukier (2013) beschreiben die Veränderungen in der Datenanalyse:

- Big Data macht Stichprobenerhebungen überflüssig.
- Große Datensätze verringern die Bedeutung von Messfehlern.
- Die Suche nach Kausalität weicht der systematischen Nutzung von Korrelationen, um verborgene Muster aufzudecken.

Die Autoren beschreiben, dass das Ziel von Big Data nicht die Beantwortung einer konkreten Fragestellung ist, wie es bei der „Small Data"-Welt der Fall war. Vielmehr steht das Erkennen von Zusammenhängen und Mustern im Vordergrund. Es geht nicht mehr um die Frage, warum etwas passiert. Ziel ist es verborgene Zusammenhänge und Muster zu erkennen.

Die Dimensionen der Daten werden durch die sieben Vs kategorisiert. Volume, Variety und Velocity bildeten die ursprünglichen drei Vs. Hinzu kamen Value und Veracity (Fasel & Meier, 2016). Autoren wie Jodlbauer (2016) haben weitere Dimensionen wie Variability und Visualization hinzugefügt. In diesem Kapitel werden die 7 Vs beschrieben, um einen möglichst tiefen Einblick in das Thema zu geben (Abb. 4.1).

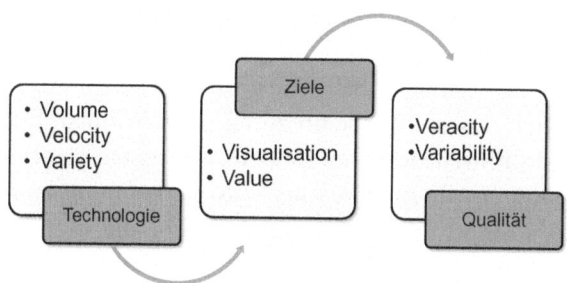

Abb. 4.1 Datendimensionen

Variabilität ist ein Schlüsselbegriff, der die Veränderung der Bedeutung von Daten beschreibt. Kontextvariabilität tritt auf, wenn sich das Umfeld ändert. Beispielsweise verlieren Prozessbeschreibungen nach einer Reorganisation ihren Nutzen, da die ursprünglichen betrieblichen Abläufe nicht mehr gültig sind. Syntaktische Variabilität bezieht sich auf die formale Struktur von Daten. Die Umstellung der nationalen europäischen Währungen auf den Euro war ein solches Beispiel. Der Euro löste die Deutsche Mark ab. Jeder, der etwas mit Zahlungen zu tun hatte, musste sich umstellen. Die semantische Variabilität bezieht sich auf die Bedeutung der Daten. Früher war das Wort „toll" ein Synonym für „verrückt" heute steht es für „gut" (Jodlbauer, 2016; Gillis, 2021).

Datenvisualisierung hilft bei der Darstellung von komplexen und umfangreichen Datensätzen. Riesige Datenmengen sind aufgrund ihrer Größe und Komplexität schwer zu interpretieren. Datenvisualisierung bereitet diese auf, um Muster, Trends und Zusammenhänge sichtbar zu machen. Gut gestaltete Visualisierungen ermöglichen es Unternehmen und Organisationen, datenbasierte Entscheidungen zu treffen und Muster frühzeitig zu erkennen. Viele Tools bieten eine interaktive Schnittstelle, die es den Nutzern ermöglicht, in die Daten einzutauchen und verschiedene Ansichten zu erstellen. Dies fördert die Exploration und ermöglicht ein tieferes Verständnis.

Der Value von Daten bezieht sich auf den unternehmerischen Mehrwert. Produktivitätssteigerungen, Kostensenkungen, Umsatzsteigerungen, Entscheidungsfindung und neue Erkenntnisse können daraus entstehen (Gillis, 2021).

Die Zuverlässigkeit von Daten wird mit der Veracity ausgedrückt. Daten können unvollständig, fehlerhaft oder redundant sein. Diese Mängel erschweren die Analyse. Inhaltliche Fehler entstehen wegen ungenauer oder fehlerhafter Daten. Dies kann zu falschen Schlussfolgerungen und Entscheidungen führen. Andere Probleme entstehen, wenn Daten zufällig sind. Aktivitäten zur Analyse und Mustererkennung laufen dann ins Leere oder es kommt zu Fehlinterpretationen, die niemand bemerkt. Problematisch sind widersprüchliche oder veraltete Daten. Dies kann ebenfalls zu Fehlinterpretationen oder unbrauchbaren Ergebnissen (Jodlbauer, 2018).

Big Data ermöglicht neue Geschäftsmodelle. Diese lassen sich in vier Kategorien einteilen. Pahwa (2022):

- Data Users: Nutzung von Daten zur Entwicklung von Strategien und besseren Verkaufsangeboten
- Data Suppliers: Sammeln von primären und sekundären Daten zwecks Verkaufs von diesen
- Delivery Networks: Plattformen sammeln Nutzerdaten, um gezielte Werbung zu ermöglichen. Sie aggregieren diese zur Ansprache von Werbekunden, mit dem Ziel, möglichst geringe Streuverluste zu erzielen
- Data Facilitators: Dienstleister in der Datenanalyse werten Datensätze aus, um für Kunden relevante Informationen zu generieren

Die Bedeutung von Big Data wächst bei der Entwicklung von Produkten und Dienstleistungen. Immer häufiger nutzen Produktentwickler Daten zur Vorhersage des Kundenverhaltens. Netflix verwendet beispielsweise Big Data zur Analyse von Serien und Filmen. Sie versuchen erfolgreiche Muster zu identifizieren und darauf basierend neue Produktionen zu starten. Predictive Maintenance arbeitet mit einer Kombination von Big Data und IoT. Durch die Auswertung von Sensordaten, Fehlermeldungen und Serviceberichten sollen frühzeitig Vorhersagen über den möglichen Ausfall von Maschinenteilen getroffen werden. Ziel ist es, Teile proaktiv auszutauschen, bevor es überhaupt zu Störungen im Produktionsablauf kommt. Durch die Vermeidung von Ausfällen und die Optimierung der Wartungsprozesse entstehen idealerweise Kosteneinsparungen. Ein weiteres Beispiel ist das Energiemanagement. Unternehmen überwachen ihren Energieverbrauch und analysieren und optimieren diesen, mit dem Ziel, die Umwelt zu schonen und Kosten zu sparen. Gerade durch die Kombination von IoT mit Big Data entstehen neue Möglichkeiten. Aus der Fülle der Informationen und der ständig wachsenden Zahl von vernetzten Geräten lassen sich neue Produkte und Services entwickeln.

Im Kontext von Big Data verändert sich der Wert von Daten. Er geht weg vom primären Nutzen, hin zu den potenziellen Einsatzmöglichkeiten. Daten werden als Schlüsselressource betrachtet und ihre vielfältigen Nutzungsmöglichkeiten bieten große Wettbewerbsvorteile (Mayer-Schönberger & Cukier, 2013).

4.1.2 IoT

Die alten Geschäftsmodelle basierten auf statischen Daten. Diese wurden nur selten aktualisiert. Das IoT hat diese Ausgangssituation verändert. Die neue Technologie ermöglichte die Dynamisierung von Datenbeständen. IoT verlängert das Internet in die reale Welt. Die Ursprünge dieser Technologie liegen im Jahr 1999. Die Miniaturisierung elektronischer Komponenten nahm dank der günstigen Mikroprozessortechnologie an Geschwindigkeit auf. Hinzu kamen Fortschritte in der drahtlosen Kommunikation, welche die Vernetzung von Geräten ermöglichte. Die Entwicklung der Radiofrequenz-Identifikation (RFID) und drahtloser Sensornetzwerke waren ein anderer wichtiger Baustein. Kevin Ashton prägte den Begriff IoT, um das System zu beschreiben, in dem Objekte der realen Welt über Sensoren mit dem Internet verbunden sind (Rose et al., 2015). Obwohl es schon lange Geräte gab, die über Sensoren eine Verbindung mit Computern herstellten, waren diese auf proprietären Verbindungen aufgebaut. Jeder Hersteller verwendete eigene Verbindungsprotokolle und war nur mit einer begrenzten Anzahl von anderen Geräten kompatibel. Mit dem Internetprotokoll (IP) entstand eine Schnittstelle für alle. Mit der Verfügbarkeit von Breitband-Internet, der Verbreitung von Smartphones und der fortschreitenden Entwicklung von Sensortechnologien wurde IoT massentauglich.

IoT lässt sich als System von untereinander vernetzten Objekten und Geräten definieren. Diese sind mit Sensoren, Software und anderen Technologien ausgestattet, um Daten mit anderen Objekten und Systemen zu übertragen und zu empfangen. Farhan et al. (2017) beschrieben dieses System als eine Kombination aus Menschen, physischen Objekten (Sensoren, Controller, Geräte, Speicher) und dem Internet.

IoT basiert auf zwei. Schlüsselkomponenten sind Sensoren. Die ersten Komponenten sind Sensoren, die Veränderungen erfassen. Aktoren, als die zweite Komponente, führen darauf basierend Aktionen aus. Die Vernetzung erfolgt über drahtlose Kommunikationsprotokolle wie WLAN, Bluetooth oder 5G. Edge Computing unterstützt dieses Modell. Es ist ein Konzept, bei dem die Datenverarbeitung an den Ort gelegt wird, an dem diese anfallen. Dadurch reduziert sich die Latenzzeit, sprich eine schnellere Verarbeitung wird möglich. Identifikationstechnologien wie

RFID und Sicherheitsprotokolle zur Verschlüsselung und Authentifizierung ermöglichen einen sicheren Datenaustausch. Niedrigenergietechnologien wie Bluetooth Low Energy (BLE) ermöglichen einen Langzeitbetrieb mit Batterien.

Kreutzer et al. (2017) sprechen von einem Internet of Everything. Es beinhaltet die Komponenten Mensch, Prozesse, Services, Daten und Dinge. Beispiele dafür sind folgende:

- Menschen sind durch die Nutzung von Wearables permanent online. Es findet eine „Selbstvermessung" statt, die Körperfunktionen trackt und den Austausch mit anderen Menschen und Organisationen ermöglicht.
- Prozesse und Services: Sensoren ermöglichen die Echtzeitwarenverfolgung. Das verbessert die Transparenz in der Lieferkette, womit sich Lieferzeiten lassen.
- Daten: Sensoren sorgen für mehr Daten, aber auch für eine höhere Datenqualität.
- Dinge: Objekte werden mit dem Internet verknüpft. 2021 schätzte Ericsson, dass im Jahr 2027 rund 41,7 Mrd. Dinge mit dem Internet verbunden sind (KMU-Portal, 2023).

Da diese Objekte strukturierte Daten generieren können, entsteht ein Datenpool, der für Big Data nutzbar ist. Bei der Einführung von IoT liegt der auf der Vernetzung von Wertschöpfungsaktivitäten, was Interaktionen zwischen Maschinen und Maschinen einschließt (Rimbeck et al., 2020). Die entscheidende Komponente ist der „Digital Twin". Diese Softwarekomponenten sind Abbilder der Realität, z. B. von Industrieanlagen, Maschinen, Fahrzeugen, Gebäuden und Menschen. Daten über die digitalen Objekte stehen in Echtzeit zur Verfügung, sodass das Verhalten des Originals ebenfalls in Echtzeit überwacht wird. Auf dieser Basis lassen sich Aktionen durchführen, was beispielsweise neue Geschäftsmodelle ermöglicht (Fraunhofer, 2023a):

- Predictive Maintenance: Durch den Einsatz von Sensoren ist es möglich Maschinen in Echtzeit zu überwachen. Die Analyse ermöglicht vorbeugende Wartungsleistungen, sodass diese nicht mehr ausfallen. Dieses Geschäftsmodell ist mit Big Data verknüpft.

- Smart Home: Thermostate, Sicherheitslösungen, Beleuchtung oder Haushaltsgeräte lassen sich vernetzen und intelligent steuern.
- Gesundheitsdaten: Die Kombination von Wearables mit medizinischen Daten ermöglicht effizientere Behandlungen und eine bessere Prävention.

Mit der fortlaufenden Entwicklung ist davon auszugehen, dass zukünftig eine Vielzahl von neuen Geschäftsmodellen entsteht, die beträchtlichen Nutzen bringen.

4.1.3 Künstliche Intelligenz

Seitdem die Firma OpenAI den Zugang von ChatGPT der breiten Öffentlichkeit im November 2022 ermöglichte, ist das Thema KI im Mainstream angelangt.

KI wird als Simulation menschlicher Intelligenzprozesse durch computerbasierte Maschinen beschrieben (Burns & Lakskowski, 2021). Das Fraunhofer Institut definiert KI als die Nachahmung menschlicher kognitiver Fähigkeiten, die auf programmierten Prozessen oder maschinellem Lernen basieren (Fraunhofer, 2023b). KI hat sich in kurzer Zeit von einem akademischen Forschungsgebiet zu einer Schlüsseltechnologie entwickelt. Es ist davon auszugehen, dass sie unzählige Aspekte des Lebens in Zukunft beeinflusst. Der Anwendungsbereich reicht von der Automatisierung von Routineaufgaben bis zur Entwicklung neuer Geschäftsmodelle. Schon jetzt sind KI-Systeme in der Lage, sich wiederholende und zeitaufwändige Aufgaben zu übernehmen. Effizienzsteigerungen und Kostensenkungen sind die Folge. Die führenden und erfolgreichsten Unternehmen von heute nutzen KI-Technologien, um ihre Prozesse zu optimieren. Damit verschaffen sie sich strategische Wettbewerbsvorteile. Ein Beispiel ist United Parcel Service (UPS). Das Unternehmen verwendet KI-Modelle zur Disposition seiner Fahrer und zur Routenoptimierung bei der Paketzustellung (Mayer-Schönberger & Cukier, 2013).

KI lässt sich nach Hintze (2016) in vier Typen kategorisieren:

- Reaktive KI: Dies ist die einfachste Form der KI. Sie arbeitet in einem spezifischen Anwendungsbereich und löst dort Aufgaben. Ein Beispiel ist IBMs Schachcomputer Deep Blue, der den damaligen Weltmeister Garry Kasparov besiegte. Reaktive KI ist nicht in der Lage, aus Erfahrungen zu lernen oder vergangene Handlungen bei zukünftigen Entscheidungen zu berücksichtigen.

- Begrenzte Gedächtnis-KI: Diese KI-Systeme speichern und nutzen Daten aus der kurzfristigen Vergangenheit. Das ermöglicht ihnen, aufgrund zeitlich begrenzter Daten, Entscheidungen zu treffen. Beispiele dafür sind selbstfahrende Autos. Durch Navigation und Sensoren können sie Beobachtungen sammeln und darauf reagieren.
- Theory of Mind KI: Diese Form der KI befindet sich im Forschungsstadium. Sie ist in der Lage menschliches Denken, Emotionen, Überzeugungen und Gedanken sowie die Interaktion mit anderen Menschen nachzuahmen.
- Selbstbewusste KI: Diese Form der KI gibt es bisher nur in Science-Fiction. Es ist eine hypothetische Form der KI, die über Selbstbewusstsein, Bewusstsein und ein Verständnis ihrer eigenen Existenz und Zustände verfügt. Eine solche KI soll nicht nur Emotionen und Gedanken erkennen, sondern auch haben.

Die Fortschritte der KI in den letzten Jahren basieren auf der Verfügbarkeit riesiger Datenmengen und hoher Rechenleistungen. Die Kombination daraus war die Entwicklung von neuen Lösungen (Fraunhofer, 2023b). Die Grundlage bildet das maschinelle Lernen. Ein Algorithmus erwirbt durch kontinuierliches Training die Fähigkeit, eine Aufgabe selbstständig zu bewältigen. Dabei orientiert sich die Maschine an einem gegebenen Qualitätsstandard. Die eigene Aufgabenerfüllung wird an diesem gemessen und solange optimiert, bis ein akzeptables Ergebnis erreicht ist. Bei herkömmlichen Algorithmen ist ein Lösungsweg vorgegeben. KI-Technologien entwickeln eigene Lösungsstrategien auf Basis der Daten und deren Strukturen (Fraunhofer, 2023b).

Die meisten KI-Systeme arbeiten mit gelabelten Trainingsdaten. Label stellen Zielvariablen dar, die das korrekte Ergebnis beschreiben, beispielsweise kann ein Datensatz Katzenbilder enthalten, die das Label „Katze" erhalten. Neue Angaben werden untersucht, ob sie eine Ähnlichkeit aufweisen (Korrelationen). Auf dieser Basis trifft die künstliche Intelligenz Prognosen, identifiziert Objekte oder führt Dialoge (Burns & Lakskowski,

2021). Das Lernen erfolgt nach Burns und Lakskowski (2021) durch Lernen, logisches Denken und Selbstkorrektur:

- Beim Lernen sammelt die KI Daten und erstellt Algorithmen. Dies wandelt sie in nützliche Informationen um. Basis bilden die Algorithmen. Sie ermöglichen es, aus Erfahrungen zu lernen und sich an neue Situationen anzupassen. Durch eine Abfolge von Schritt-für-Schritt Anweisungen erledigen sie Aufgaben. Durch Feedbacks entwickeln sie sich weiter und werden immer besser.
- Logische Prozesse in der KI beschreiben die Fähigkeit, den am besten geeigneten Algorithmus für ein Problem auszuwählen. Das erfordert ein tiefes Verständnis der Problemstellung sowie der Stärken und Schwächen der Algorithmen. Entscheidungen werden auf der Grundlage eines logischen Prozesses getroffen, der dazu in der Lage ist, Schlussfolgerungen zu ziehen und komplexe Probleme zu lösen.
- Ein weiteres Element der Entwicklung von KI ist die Selbstkorrektur. Ziel ist es, Algorithmen zu optimieren. Diese liefern mit der Zeit immer bessere Ergebnisse. Durch Messung werden diese Algorithmen kontinuierlich angepasst und optimiert, sodass sie immer bessere Ergebnisse liefern.

Unternehmen sollten sich der Bedeutung von KI bewusst sein. Sie kann neue Einblicke in Märkte, Prozesse und Strukturen geben, die sonst unentdeckt blieben. Zudem ist künstliche Intelligenz in repetitiven Aufgaben, die eine hohe Präzision erfordern, effizienter als der Mensch. Schon heute schlagen KI-Systeme bei der Analyse von Röntgenbildern, die auf Tumore untersucht werden, den Menschen. Eine KI wird nicht müde, ist unkonzentriert oder hat einen schlechten Tag. Sie erledigt die Arbeit in einer gleichbleibenden Qualität.

KI ermöglicht neue Geschäftsmodelle. Isler (2023) gibt einige Beispiele. Im Bereich des E-Commerce spielt KI eine immer bedeutendere Rolle. Vor allem bei personalisierten Produktempfehlungen ist sie nützlich. Amazon nutzt KI-Algorithmen schon lange, um das Kundenverhalten zu analysieren und um individuelle Empfehlungen auszusprechen. Das steigert den Umsatz und fördert die Kundenbindung durch das personalisierte Einkaufserlebnis. Datenbasis ist die Kaufhistorie des

Kunden und die von Kunden, die ähnliche Produkte kauften. Im Gesundheitswesen wirkt sich KI ebenfalls aus. KI-gestützte Systeme analysieren medizinische Daten und stellen darauf basierend präzise Diagnosen. Eine Unterstützung von Ärzten und medizinischem Personal erfolgt ebenfalls durch KI. Da diese Algorithmen große Mengen medizinischer Daten zur Verfügung haben, können sie Muster erkennen, aber auch Hinweise auf seltene Krankheiten geben. Dies führt zu verbesserten Diagnosen und ermöglicht es Ärzten, die optimale Behandlung zu finden. Im Finanzsektor kann KI betrügerische Aktivitäten entdecken und unter Umständen verhindern, noch bevor ein Schaden entsteht.

4.1.4 Weitere Technologien

Es existieren weitere Technologien, die ebenfalls ein großes disruptives Potenzial haben und die Unternehmen berücksichtigen sollten:

- Cloud Computing ermöglicht die Speicherung und Verarbeitung von Daten. Durch die Flexibilität und Skalierbarkeit können neue Chancen entstehen.
- Blockchain-Technologien schaffen neue Möglichkeiten für anonyme und sichere Transaktionen im Internet.
- Virtual Reality (VR) und Augmented Reality (AR) schaffen virtuelle Welten.
- Robotertechnologien können in nahezu jeder Branche zum Einsatz kommen
- Der 3D-Druck erlaubt neue Produktionstechniken.

Diese Aufzählung ist nicht abschließend. Zahlreiche weitere Technologien sind im Blick zu behalten, da sie große Potenziale bieten.

4.1.5 Fazit

Die beschriebenen Entwicklungen zeigten neue Technologien auf. IoT bildet die Grundlage für eine Vielzahl von Anwendungen, die Sensordaten integrieren. Diese geben Hinweise über das Verhalten von Nutzern,

Prozesse und Maschinenzustände. Big Data stellt Analysewerkzeuge zur Verfügung, die Muster, Trends und Zusammenhänge aus den Daten interpretieren. KI fügt all dem eine neue Dimension hinzu. Analysen können um eine Handlungsdimension erweitert werden, die zu autonomen Entscheidungen führt. Isoliert oder in Kombination mit anderen Technologien entstehen disruptive Potenziale, die es zu nutzen gilt.

Merke!

Big Data
- Big Data umfasst die Erfassung, die Speicherung, die Analyse und die Interpretation von Daten aus heterogenen Quellen. Dahinterstehende Technologien sind verteilte Datenbanken, maschinelles Lernen und statistische Modelle.
- Die 7 Vs – Volume, Variety, Velocity, Value, Veracity, Variability und Visualization – charakterisieren die verschiedenen Aspekte von Big Data.
- Big Data ermöglicht Geschäftsmodelle wie Data Users, Data Suppliers, Delivery Networks und Data Facilitators.

IoT
- IoT vernetzt physische Objekte und ermöglicht die Echtzeitdatenverarbeitung. Es schafft eine dynamische und vernetzte Infrastruktur.
- Anwendungsbeispiele sind Predictive Maintenance, Smart Home und Digital Twins.

KI
- KI wird als Simulation menschlicher Intelligenzprozesse durch computerbasierte Maschinen definiert.
- KI optimiert Geschäftsprozesse und kann repetitive Aufgaben übernehmen. Fortschritte im maschinellen Lernen ermöglichen selbstständige Problemlösungen.

4.2 Wertschöpfung durch neue Geschäftsmodelle

Im Allgemeinen beschreibt ein Geschäftsmodell die Geschäftslogik einer Organisation, wie sie Werte schafft und wie daraus Nutzen entsteht (Osterwalder & Pigneur, 2010). Bei digitalen Geschäftsmodellen kommt Technologie als Faktor hinzu. Eine Studie von Detecon (2017) hat Merkmale beschrieben, die ein digitales Geschäftsmodell ausmachen:

- Bereitstellung von datenbasierten Produkten
- Digitale Vermittlung von Produkten oder Dienstleistungen
- Digitale Kundenschnittstellen
- Digitalisierung von Geschäftsprozessen

Das Business-Model-Canvas (BMC) von Osterwalder und Pigneur (2013) ist ein sowohl in der Forschung als auch in der Praxis anerkanntes Konzept. Die Autoren identifizieren neun unterschiedliche Faktoren, die für den Erfolg einer Organisation relevant sind. Dazu gehören das Wertangebot (Produkte und Dienstleistungen), die Kundensegmente, die Kundenbeziehungen und -kanäle, die Kernaktivitäten und -ressourcen, die Schlüsselpartner sowie die Kostenstruktur und die Einnahmequellen der Organisation. Strahringer und Wiener (2021) haben vier Dimensionen entwickelt, denen sie diese Elemente zuordnen (Abb. 4.2):

- Das Wertversprechen bezieht sich auf das Angebot oder den Wert, den ein Unternehmen seinen Kunden bietet. Dazu zählen Produkte und Services, Kundensegmente, Kundenbeziehungen und Kanäle.
- Die Wertschöpfungsarchitektur thematisiert die Art und Weise, wie ein Unternehmen seine Produkte oder Dienstleistungen erstellt. Dazu zählen Schlüsselressourcen und Kernaktivitäten.
- Bei der Wertrealisierung geht es um die finanziellen Aspekte des Geschäftsmodells, einschließlich der Ertragsquellen und der Kostenstruktur.
- Der letzte Aspekt ist das Wertschöpfungsnetzwerk. Dieses befasst sich mit den Partnern und Lieferanten, die bei der Erzeugung des Mehrwerts mitwirken.

Ein weiteres Instrument zur Entwicklung von Geschäftsmodellen ist das Value-Proposition-Canvas (VPC) (Osterwalder et al., 2014). Dabei handelt es sich um ein Instrument zur Entwicklung und Visualisierung von Wertversprechen. Es unterstützt Unternehmen bei der Definition der Angebote. Diese sind präzise auf die Bedürfnisse, Wünsche und Probleme der Zielgruppen abzustimmen. Eine optimale Übereinstimmung von Problemen und der angebotenen Lösung ist angestrebt. Das Modell identifiziert die Kundenanforderungen (Jobs-to-be-Done) und passt des Leistungsangebots an diese Bedürfnisse an.

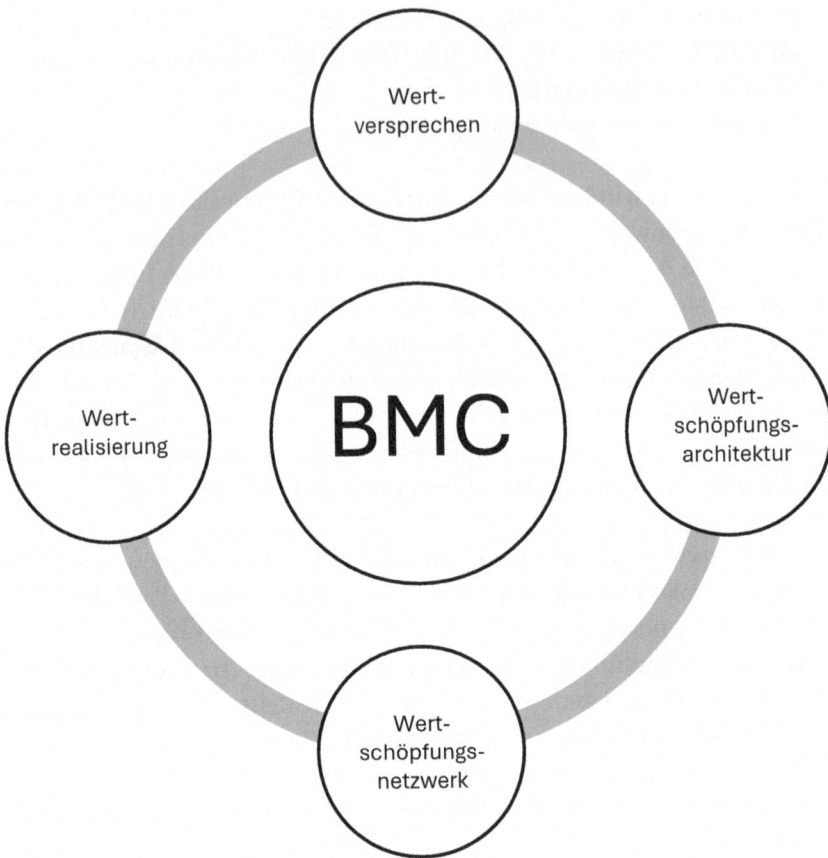

Abb. 4.2 Business Model Canvas. (Adaptiert nach Al-Dabei & Avsion, D., 2010)

Durch den Abgleich des Kundenprofils mit dem Unternehmens-
angebot wird eine enge Verbindung zwischen den Kundenbedürfnissen
und den Unternehmenslösungen hergestellt. Dies fördert eine kunden-
orientierte Denkweise und trägt zur Entwicklung wertvoller Produkte
und Dienstleistungen bei. Disruptionen sind in verschiedenen Geschäftsmodellen möglich. Einige der wichtigsten werden in den folgenden Kapiteln beschrieben.

4.2.1 Plattformbusiness

Der Begriff „Plattformbusiness" bezieht sich auf Geschäftsmodelle, die auf digitalen Plattformen basieren. Dort kommen die verschiedenen Nutzergruppen (Anbieter und Nachfrager) zusammen. Ziel der Plattformen ist es, den Austausch von Waren, Dienstleistungen oder Informationen zu ermöglichen. Sie schaffen Wert, indem sie die Interaktion zwischen diesen Gruppen erleichtern oder erst ermöglichen. Einnahmen entstehen durch Zugangs-, Transaktions- oder Datengebühren.

Transaktionsplattformen erleichtern den Austausch zwischen Käufern und Verkäufern. Ihre Wertschöpfung besteht darin, dass sie die Markteffizienz verbessern und den Zugang zu diesen Märkten erleichtern. Transaktionsplattformen sind meist einfach und benutzerfreundlich gestaltet. Durch intuitive Schnittstellen erlauben sie einen Zugang auch für Nichtfachleute und bringen so Käufer und Verkäufer miteinander in Kontakt. Beispiele für Transaktionsplattformen sind Online-Marktplätze wie Amazon, PayPal oder Parship. Diese Plattformen ermöglichen es den Nutzern, Produkte und Dienstleistungen zu handeln, Geld zu überweisen oder sich kennenzulernen. Sie generieren Einnahmen durch Transaktionsgebühren. Dies kann ein Prozentsatz des Gesamtverkaufspreises oder eine Pauschalgebühr sein (Croxson et al., 2023). Grundsätzlich lassen sich zwei Arten von Transaktionsplattformen unterscheiden. Vertikale Transaktionsplattformen konzentrieren sich auf spezifische Branchen oder Nischen, wie z. B. ImmoScout24 für Immobilien. Horizontale Transaktionsplattformen sind für eine breite Palette von Produkten konzipiert, wie z. B. Amazon oder Galaxus. Sie bieten eine komfortable und leicht zugängliche Möglichkeit für Käufer und Verkäufer für Interaktionen (Lees, 2023).

Soziale Medien sind ein Plattformgeschäftsmodell. Die Kommunikation und soziale Interaktion zwischen den Nutzern werden vereinfacht. Sie schaffen Wert, indem sie die Nutzer miteinander verbinden und interagieren lassen. Informationen und Inhalte lassen sich austauschen und Gemeinschaften rund um gemeinsame Interessen bilden. Soziale Plattformen sind in der Regel nutzerorientiert. Sie bieten aufgrund des Trackings der User eine ansprechende personalisierte Erfahrung. Beispiele für soziale Plattformen sind soziale Netzwerke wie Facebook und

LinkedIn, Messaging-Anwendungen wie WhatsApp und Content-Sharing-Plattformen wie YouTube oder TikTok. Nischenplattformen richten sich an Nutzergruppen mit speziellen Interessen, z. B. Goodreads für Buchliebhaber. Alle Plattformen generieren meist Einnahmen durch Werbung und Datenmonetarisierung, z. B. zielgerichtete Werbung auf Basis von Nutzeranalysen und deren Präferenzen (Rogers, 2016; Brown, 2021).

IT as a Service (ITaaS) im Kontext von Plattformgeschäftsmodellen ist ein modernes Konzept, das die Bereitstellung von IT-Diensten über digitale Plattformen umfasst. Im Rahmen dieses Modells werden traditionelle IT-Ressourcen und -Dienstleistungen wie Server, Speicher, Netzwerke und Software auf Abonnement- oder On-Demand-Basis angeboten. Der Kerngedanke hinter ITaaS ist die Transformation von IT-Ressourcen in Dienste, die über Cloud-Computing-Plattformen bereitgestellt werden. Dadurch erhalten Unternehmen Zugang zu einer flexiblen und skalierbaren IT-Infrastruktur, ohne in physische Hardware oder Software investieren zu müssen (Objectivity, 2021).

4.2.2 Intermediation und Disintermediation

Eine Herausforderung für Unternehmen ist das Prinzip der Intermediation und Disintermediation. Schon immer gab es Unternehmen, die sich in Wertschöpfungsketten einklinkten oder Elemente daraus entfernten. Durch die Digitalisierung sind neue Möglichkeiten entstanden. Intermediäre haben in der Wirtschaft eine große Bedeutung. Wertschöpfungsketten bestehen meist aus einer Vielzahl von Akteuren. Jeder Einzelne von diesen bringt einen Beitrag ein, auf den er spezialisiert ist. In der Regel bedienen sich Unternehmen ihrer, um einzelne Prozessschritte kostengünstiger durchführen zu können (BWL-Lexikon, 2024).

Eines der auffälligsten Phänomene ist die Disintermediation. Bei dieser fallen Intermediäre in der Wertschöpfungskette weg. Das Internet erleichtert es Unternehmen, direkt mit den Endverbrauchern zu interagieren. Das schwächt die Rolle der Intermediäre. Diejenigen, die am Anfang und Ende von Wertschöpfungsketten stehen, haben eine gute Position. Diejenigen in der Mitte, sind der Bedrohung ausgesetzt, beseitigt zu werden (Rogers, 2016).

Ein Beispiel für die Intermediation sind die großen Online-Interaktionsplattformen wie jobs.ch, autoscout.ch oder parship.ch. Die Samstagsausgaben der großen Zeitungen waren früher voll mit Inseraten für Immobilien, Fahrzeuge, Stellenangebote oder die Partnersuche. Heute gibt es dafür spezialisierte Websites. Die Zeitungen haben ihre Rolle als Intermediäre verloren. Ähnliches hat der Buchhandel erlebt. Amazon ermöglicht es Verlagen, Bücher direkt an die Kunden zu verkaufen. Diese schätzen das, da sie nicht mehr in einen Laden müssen, wenn sie wissen, was sie wollen. Hinzu kommen neue Effekte durch die Digitalisierung. Formate wie E-Books und Books on Demand ermöglichen Effizienzsteigerungen und Einsparpotenziale, was sich auf den Wettbewerb auswirkt (Kreutzer, 2017). KI entwickelt diesen Trend weiter. Mit dem Infinite Odyssey Magazine ist ein Science Fiction-Onlinemagazin entstanden, welches komplett mit KI generiert wurde, ohne menschliche Autoren (infiniteodyssey.net, 2024).

Ein weiterer Trend ist, dass Produzenten eigene Kanäle aufbauen, um den Zwischenhandel zu umgehen. Disney hat früher Filme produziert und diese verkauft. Heute bedienen sie ihren eigenen Streamingdienst Disney+. Damit wurde der Zwischenhandel ausgeschaltet.

Gleichzeitig entstehen neue Intermediäre, die sich in den Wettbewerb einschalten. Digitale Unternehmen haben Möglichkeiten der Wertschöpfung gefunden, die es bisher nicht gab. Durch personalisierte Angebote und die Nutzung von Netzeffekten konnten sie Mehrwerte entwickeln. Erfolgreich sind viele Unternehmen, die innovative Wege für den Austausch von Gütern und Dienstleistungen erschaffen haben (Rogers, 2016; Kreutzer, 2017). Ein Beispiel sind Buchungsplattformen für Hotels. Nur noch wenige Menschen buchen Hotels direkt. Im Jahr 2022 wurden rund 65 % der Hotels über Reiseplattformen gebucht (Shanhong, 2022). Der Nutzen ist einseitig. Hotelbetreiber sind gezwungen, auf die Plattformen zu gehen, da sie sonst keine optimale Auslastung erzielen. Intermediäre erzeugen durch ihre Fähigkeiten eine neue Markttransparenz, die für den Kunden positiv ist. So schafft beispielsweise das Unternehmen Bestattungsvergleich Transparenz, wenn es um die Kosten von Bestattungen geht (bestattungsvergleich.ch, 2024). Der Mehrwert liegt auf der Hand. Im Trauerfall haben die Angehörigen nicht viel Energie, um Angebote zu vergleichen. Das Portal schafft hier Vergleichsmöglichkeiten, sodass die Nachfrager mit wenigen Klicks zu einem Angebot kommen. Andere Vermittler wie Lieferando liefern Essen von Restaurants aus und bringen so Angebot und Nachfrage zusammen. Sie finanzieren sich über Provisionen, die zu einem großen Teil die Anbieter tragen. Nicht alle Unternehmen können die gestiegenen Kosten durch eine höhere Nachfrage ausgleichen. Streaming-Dienste wie Spotify oder iTunes haben es beispielsweise geschafft, Musik günstig zugänglich zu machen. Verlierer sind viele Künstler, die durch das Streaming weniger Einnahmen erzielen als früher durch den Verkauf von Medien.

4.2.3 Neue Erlösmodelle

Die Digitalisierung hat neue Monetarisierungsmodelle hervorgebracht. Diese entfalten in Kombination mit neuen Marketing- und Vertriebskanälen eine große Wirkung. Einige Unternehmen haben ihre Bezahlmodelle bereits angepasst, während andere vor der Herausforderung stehen, dies zu tun. Die Chancen sind beträchtlich. In diesem Kapitel wird eine Auswahl etablierter Erlösmodelle beschrieben.

Das Freemium-Modell ist ein Geschäftsmodell, bei dem ein Unternehmen eine Basisversion des Dienstes kostenlos (Free) anbietet und gleichzeitig kostenpflichtige Premiumfunktionen oder -inhalte für zahlende Kunden bereitstellt. Die dahinterstehende Idee ist, dass eine breite Kundenbasis gewonnen und gehalten wird. Mit der Zeit wechseln Teile davon in den Bezahlmodus, da sie sich von dem Angebot einen Mehrwert versprechen (Shang et al., 2024).

In den letzten Jahren kam es in verschiedenen Branchen zum Einsatz. Besonders interessant ist es bei digitalen Produkten (Software-, Medien- und Computerspiele), da zusätzliche Kopien keine Mehrkosten verursachen. Sun et al. (2022) untersuchten das Thema Free-Riding, bei dem Kunden nie bezahlen. Sie richteten ihre Aufmerksamkeit darauf, wie Preise gestaltet sein müssen, damit möglichst viele Kunden beginnen zu bezahlen. Die Konversion von kostenlosen zu zahlenden Nutzern ist entscheidend für die Monetarisierung und den finanziellen Erfolg eines solchen Geschäftsmodells. Premiumfunktionen und deren Preise müssen so überzeugend sein, dass ein Wechsel attraktiv ist.

Die Skalierbarkeit digitaler Produkte ermöglicht es nach Finanzierung der initialen Entwicklungskosten zusätzliche Nutzer mit geringen variablen Kosten zu bedienen, da das Zero-Copy-Cost-Modell gilt (Tweddle, 2022). Der kostenlose Zugang erleichtert die Kundengewinnung und Kundenbindung, da nur geringe Einstiegshürden bestehen. Anbieter gewinnen so schnell Feedback und Kunden und haben die Möglichkeit, sich auch später für das Produkt zu entscheiden.

Micropayments sind ein weiteres neues Konzept. Es bezieht sich auf Zahlungen, die oft im Cent-Bereich liegen und noch vor wenigen Jahren aufgrund der Transaktionskosten nicht sinnvoll möglich waren. Heute werden sie für den Kauf von digitalen Produkten (Zeitungsartikel, Musik, Videos, Apps) verwendet. Attraktiv ist dieses Bezahlmodell für alle Anbieter, die Produkte oder Dienstleistungen mit einem geringen Wert anbieten. Micropayments ermöglichen die Bezahlung der tatsächlichen Nutzung der Güter, anstatt ein pauschales Abonnement abzuschließen oder das gesamte Produkt zu kaufen. Die Künstlerplattform Bandcamp ist ein solches Angebot. Dort können Fans ihren Künstlern beliebige kleine Beträge zur Unterstützung zukommen lassen. Die Plattform wirbt damit, dass die Fans den Künstlern bisher USD 1,39 Mrd. zukommen ließen (bandcamp, 2024). Aufgrund der Zero-Copy-Costs sind Micropayments für digitale Güter eine optimale Lösung. So können beispielsweise Leser eines Online-Magazins für jeden einzelnen Artikel einen kleinen Betrag bezahlen, anstatt ein komplettes Abonnement zu lösen (Robert et al., 2020). Ein weiterer Vorteil von Micropayments besteht in der Möglichkeit der Kundengewinnung. Diese können einzelne Produkte konsumieren, ohne größere Summen bezahlen zu müssen. Die Wirtschaftlichkeit von Micropayments ist trotz der geringen Transaktionskosten nicht immer gegeben. Mit Blockchain und Kryptowährungen sind allerdings neue Möglichkeiten entstanden, die hier Potenziale bieten (Lin et al., 2005).

Wenn ein Dienst für den Kunden kostenlos ist, wie es bei vielen Social-Media-Plattformen der Fall ist, bezahlt er fast immer mit seinen Daten. Diese werden für personalisierte Werbung genutzt. Personalisierte Werbung ist optimal, da sie die Zielgruppe exakt adressieren kann. Sie ist eine Marketingstrategie, bei der die Werbeinhalte auf die jeweiligen Interessen, Verhaltensweisen und Präferenzen einzelner Nutzer zugeschnitten werden. Sie wird sowohl in den klassischen Medien (Fernsehen, Zeitungen, Radio) als auch in den neuen Medien (Mediasmart, 2020) eingesetzt. Die Grundlage bilden Daten aus verschiedenen Quellen. Surfverhalten, Kaufhistorie, Social-Media-Aktivitäten und demografische Informationen bilden eine wichtige Basis, die beim Bilden von Personas hilft. Je detaillierte die Daten sind, desto spezifischer lassen sich Personas bilden und ansprechen. Personalisierte Dienste, Unterhaltungsmedien und Informationen führen oft zu freiwilligen Interaktionen durch die Konsumenten, beispielsweise indem diese zur Bewertung durch Likes, Sterne oder Smileys aufgefordert werden. Zudem ermöglichen die neuen Kanäle eine schnelle Verbreitung (Zurstiege, 2014). Unternehmen können ihre Werbebudgets so effizienter einsetzen, da sie nur die relevanten Kunden ansprechen. Streuverluste werden so minimiert. Idealerweise profitieren die Nutzer von einem Werbeerlebnis, welches als Bereicherung und nicht als Störung empfunden wird. Personalisierte Werbung ist überall präsent. Online-Werbung (z. B. Bannerwerbung, soziale Medien), E-Mail-Marketing und mobile Werbung sind heute nicht mehr wegzudenken. Technologien wie Cookies, Web Beacons und maschinelles Lernen helfen bei der Datenerfassung und -analyse. Personalisierte Kampagnen können darüber hinaus die Markenwahrnehmung verbessern und zu einer intensiven Kundenbindung führen. Die Herausforderungen des Datenschutzes und der Nutzerakzeptanz erfordern eine sorgfältige Abwägung, was unternommen wird. Unternehmen müssen ihre Methoden transparent machen und die Privatsphäre der Nutzer respektieren, um das Vertrauen ihrer Zielgruppe zu gewinnen und zu erhalten. Kunden, die sich ausgespäht fühlen, werden sich nämlich abwenden.

Ein weiteres wichtiges Modell ist das Abonnement. Der Schlüsselfaktor für die Popularität des Abonnementmodells im digitalen Zeitalter ist die ständige Weiterentwicklung digitaler Produkte. Anstatt ein fertiges Produkt einmalig zu erwerben, erhalten Abonnenten kontinuierlich Updates, Verbesserungen und neue Funktionen. Dieses Modell ist vor allem in der Softwarebranche verbreitet, beispielsweise bei Microsoft Office 365, aber auch bei Streamingdiensten wie Netflix oder Spotify. Deloitte (2024) hat gezeigt, dass der Wunsch nach Subskriptionsmodellen meist nicht von den Nutzern ausgeht, sondern häufig durch die Angebote der Unternehmen beeinflusst wird. Ein Vorteil für Unternehmen ist die Planbarkeit der Einnahmen. Statt unregelmäßiger Käufe erhalten sie vorhersehbare Zahlungen, was die Planung und Skalierung des Geschäfts erleichtert. Für Kunden bedeutet das Abonnementmodell oft niedrigere Anfangskosten und die Möglichkeit, Dienste nach Bedarf zu kündigen. Zu den Herausforderungen des Abonnementmodells gehört die Notwendigkeit, kontinuierlich Mehrwert zu bieten, um Kunden zu halten.

Diese können „Abonnementsmüdigkeit" entwickeln, wenn sie das Gefühl haben, dass der wahrgenommene Wert nicht den Kosten entspricht. Im Gegensatz zum traditionellen Kaufmodell, bei dem Produkte in ihrer ursprünglichen Form erworben werden, bieten Subskriptionsmodelle regelmäßige Updates. Kunden haben stets Zugriff zu den neuesten Funktionen, Sicherheitsupdates und Verbesserungen. Sowohl für Unternehmen, die nach nachhaltigen Einnahmequellen suchen, als auch für Kunden, die Flexibilität und Zugang zu einer Vielzahl von Produkten und Dienstleistungen wünschen, stellt dies eine vielversprechende Alternative zu traditionellen Geschäftsmodellen dar. (Bischof & Rudolph, 2020). Eine erfolgreiche Umsetzung erfordert eine sorgfältige Planung, um sicherzustellen, dass die Angebote den Bedürfnissen der Kunden entsprechen und einen Mehrwert bieten. Unternehmen müssen Strategien entwickeln, um der Abonnentenmüdigkeit entgegenzuwirken und Kunden langfristig zu binden.

Es gibt eine Vielzahl anderer Zahlungsmodelle. Dieses Kapitel konzentriert sich auf einige der Wichtigsten, die die Unternehmen im Auge behalten sollten. Hier sind Optimierungen möglich. Dies kann durch neue Modelle, aber auch durch die Kombination bestehender Modelle geschehen.

Merke!

- **Digitale Geschäftsmodelle** zeichnen sich durch die Bereitstellung von datenbasierten Produkten, digitale Vermittlung von Dienstleistungen, digitale Kundenschnittstellen und die Digitalisierung von Geschäftsprozessen aus. Sie entfalten ihre Wirkung häufig in Kombination mit neuen Technologien.
- **Plattformgeschäftsmodelle** verbinden verschiedene Nutzergruppen (Anbieter und Nachfrager) und schaffen durch die Interaktion zwischen diesen Gruppen Wert. Der Zwischenhandel wird teilweise oder ganz ausgeschaltet. Beispiele sind Transaktionsplattformen wie Amazon, soziale Plattformen wie Facebook, und IT as a Service (ITaaS).

Literatur

bandcamp. (2024, Oktober 22). Bandcamp für Künstler. https://bandcamp.com/artists. Zugegriffen am 10.03.2025.

Brown, S. (2021). *The case for new social media business models.* MIT. https://mitsloan.mit.edu/ideas-made-to-matter/case-new-social-media-business-models. Zugegriffen am 10.03.2025.

Burns, E., & Lakskowski, N. (2021). *Künstliche Intelligenz (KI).* ComputerWeekly. https://www.computerweekly.com/de/definition/Kuenstliche-Intelligenz-KI#:~:text=K%C3%BCnstliche%20Intelligenz%20,spezifischen%20Anwendungen%20der%20KI%20geh%C3%B6ren. Zugegriffen am 10.03.2025.

BWL-Lexikon. (2024, Januar 4). *Intermediation.* BWL-Lexikon. https://www.bwl-lexi-kon.de/wiki/intermediation/#:~:text=Das%20wirtschaftswissenschaftliche%20Konzept%20der%20Disintermediation,vielmehr%20wird%20der%20Schritt%20bedeutungslos. Zugegriffen am 10.03.2025.

Croxson, K , Frost, J., Gambacorta,L. & Valetti, T. (2023). Platform-Based Business Models and Financial Inclusion: Policy Trade-Offs and Approaches, Journal of competition law & Economics, (19) 1, 75–102.

Deloitte. (2024). *Erfolgsrezept Abo-Modelle. Mythen, Hype und Potenziale: Die neue Deloitte Studie liefert überraschende Erkenntnisse über Abo-Modelle.* Deloitte. https://www2.deloitte.com/de/de/pages/consumer-business/articles/abo-modelle-studie.html. Zugegriffen am 10.03.2025.

Detecon. (2017). *Erfolgsfaktoren von digitalen Geschäftsmodellen.* Detecon. https://www.detecon.com/drupal/sites/default/files/2021-05/5_auswertung_dgm_umfrage_erfolgsfaktoren-3.pdf. Zugegriffen am 10.03.2025.

Farhan, L., Shukur, S. T., Alissa, A. E., Alrweg, M., Raza, U., & Kharel, R. (2017). *A survey on the challenges and opportunities of the Internet of Things (IoT).* ResearchGate. https://doi.org/10.1109/ICSensT.2017.8304465. Zugegriffen am 10.03.2025.

Fasel, D., & Meier, A. (2016). *Was versteht man unter Big Data und NoSQL?. Big Data: Grundlagen, Systeme und Nutzungspotenziale.* Springer.

Fraunhofer. (2023a). *Digital Twins: Eine Einführung in die Technologie der digitalen Zwillinge.* Fraunhofer. https://www.iks.fraunhofer.de/de/themen/digital-twins.html#:~:text=Digital%20Twins%3A%20Eine%20Einf%C3%BChrung%20in,und%20medizinischen%20Patientinnen%20und%20Patienten. Zugegriffen am 10.03.2025.

Fraunhofer. (2023b). *Künstliche Intelligenz (KI) und Maschinelles Lernen.* Fraunhofer. https://www.iks.fraunhofer.de/de/themen/kuenstliche-intelli-genz. html#:~:text=K%C3%BCnstliche%20Intelligenz%20,durch%20maschinelles%20Lernen%20erzeugt%20werden. Zugegriffen am 10.03.2025.

Gillis, A. (2021). *Die sechs Vs von Big Data.* ComputerWeekly. https://www.computerweekly.com/de/definition/Die-sechs-Vs-von-Big-Da-ta#:~:text=Das%20letzte%20V%20bezieht%20sich,und%20Analyse%20der%20Daten%20erschweren. Zugegriffen am 10.03.2025.

Hintze, A. (2016). *Understanding the four types of Artificial Intelligence.* Government Technology. https://www.govtech.com/computing/understanding-the-four-types-of-artificial-intelligence.html. Zugegriffen am 10.03.2025.

Isler, K. (2023). *Künstliche Intelligenz und Geschäftsmodelle: Erfolgs-beispiele aus der Praxis.* Hagel IT Services. https://www.hagel-it.de/it-insights/kuenstliche-intelligenz-und-geschaeftsmodelle-erfolgsbeispiele-aus-der-pra-xis. html#:~:text=Die%20Rolle%20von%20KI%20in,dadurch%20Zeit%20und%20Ressourcen%20einzusparen. Zugegriffen am 10.03.2025.

Jodlbauer, H. (2016). *Die Datenspinne, Im Netz von Google, Facebook, Alibaba und Co!* Leykam.

Jodlbauer, H. (2018). *Digitale Transformation der Wertschöpfungskette.* Kohlhammer.

KMU-Portal. (2023). *Internet der Dinge (IoT): Anwendungen und Chancen.* KMU Portal für kleinere und mittlere Unternehmen. https://www.kmu.admin.ch/kmu/de/home/fakten-trends/internet-of-things.html#:~:text=In%20einem%202021%20ver%C3%B6ffentlichten%20Bericht,PC%2C%20Smartphones%20und%20Festnetztelefone. Zugegriffen am 10.03.2025.

Kreutzer, R. T., Neugebauer, T., & Pattloch, A. (2017). *Digital business leadership. Digital Transformation–Geschäftsmodell-Innovation–agile Organisation–Change-Management.* Springer Gabler.

Lees, A. (2023, Dezember 30). *7 Types of platform business models.* Sysinsider. https://sysinsider.com/types-of-platform-business-models/. Zugegriffen am 10.03.2025.

Lin, I.-C., Hwang, M.-S., & Chang, C.-C. (2005). The general pay-word – A micropayment scheme based on n-dimension one-way hash chain. *Designs, Codes and Cryptography, 36*(1), 53–67. https://doi.org/10.1007/s10623-003-1162-6. Zugegriffen am 10.03.2025.

Mayer-Schönberger, V., & Cukier, K. (2013). *Big Data: A revolution that will transform how we live, work and think.* Houghton Mifflin Harcourt.

Meier, A. (2018). *Was heißt Big Data?* Springer.

Objectivity. (2021). *Cloud Service Models- Wählen Sie das richtige Modell für Ihr Unternehmen*. Objectivity. https://www.objectivity.de/blog/cloud-service-models-wahlen-sie-das-richtige-modell-fur-ihr-unternehmen/. Zugegriffen am 10.03.2025.

Osterwalder, A., & Pigneur, Y. B. (2010). *Business model generation: A handbook for visionaries, game changers, and challengers*. Wiley.

Osterwalder, A., Pigneur, Y., Bernarda, G., Smith, A., & Papadakos, T. (2014). *Value proposition design: How to create products and services customers want*. Wiley.

Pahwa, A. (2022). *The Data Montization. Big Data Business Models*. Feedough. https://www.feedough.com/the-data-monetization-big-data-business-models/. Zugegriffen am 10.03.2025.

PWC. (2022). *Big Data: Bedeutung, Nutzen, Mehrwert*. PWC. https://www.pwc. de/de/prozessoptimierung/assets/pwc-big-data-bedeutung-nutzen-mehrwert. pdf. Zugegriffen am 10.03.2025.

Rimbeck, M., et al. (2020). IoT-Geschäftsmodelle für Dienstleistungen in KMU. In M. Rimbeck (Hrsg.), *Automatisierung und Personalisierung von Dienstleistungen: Konzepte–Kundeninteraktionen–Geschäftsmodelle* (S. 313–335). ResearchGate.

Rogers, D. L. (2016). *The digital transformation playbook: Rethink your business for the digital age*. Columbia University Press.

Rose, K., Eldridge, S., & Chapin, L. (2015). Das Internet der Dinge: Ein Überblick. *Die Internetgesellschaft (ISOC), 80*(15), 1–53.

Shang, Y., Jiang, J., Zhang, Y., Zhang, R., & Liu, P. (2024). When does a freemium business model lead to high performance? – A qualitative comparative analysis based on fuzzy Sets. *Heliyon, 10*(3). https://doi.org/10.1016/j.heliyon.2024.e25149. Zugegriffen am 10.03.2025.

Strahringer, S., & Wiener, M. (2021). Datengetriebene Geschäftsmodelle: Konzeptuelles Rahmenwerk, Praxisbeispiele und Forschungsausblick. *HMD, 58*, 457–476. https://doi.org/10.1365/s40702-021-00731-1. Zugegriffen am 10.03.2025.

Tweddle, A. (2022). *Freemium business models can be a great way to attract new customers to your business and showcase the value your brand offers* Truelayer. https://truelayer.com/blog/business-growth/your-guide-to-freemium-business-models/. Zugegriffen am 10.03.2025.

Zurstiege, G. (2014). *Medien und Werbung*. Springer.

5

Pfadabhängigkeit beseitigen

„I can't understand why people are frightened of new ideas.
I'm frightened of the old ones"

John Cage

Inhaltsverzeichnis

Zusammenfassung Pfadabhängigkeit beschreibt, wie frühere Entscheidungen den Handlungsspielraum von Organisationen einschränken und Innovationen behindern können. Diese Abhängigkeiten entstehen durch technologische, soziale, institutionelle und ökonomische Faktoren, die

© Der/die Autor(en), exklusiv lizenziert an Springer Fachmedien Wiesbaden GmbH,   **55**
ein Teil von Springer Nature 2025
F. Liebermann, *Disruptionen erkennen, meistern und nutzen*,
https://doi.org/10.1007/978-3-658-47195-8_5

sich über Zeit verstärken. Um Flexibilität und Anpassungsfähigkeit zu fördern, müssen bestehende Strukturen und Prozesse systematisch analysiert und ineffiziente Pfade aufgebrochen werden.

Strategien zur Pfadbeseitigung umfassen diskursive Ansätze (neue Perspektiven), verhaltensorientierte Maßnahmen (Kulturwandel), systemische Anpassungen (neue Regeln) und ressourcenbezogene Veränderungen (Investitionen). Externe Schocks wie Krisen können ebenfalls bestehende Pfade durchbrechen, sind aber nicht steuerbar. Ein systematischer Prozess mit klaren Zielen, Pilotprojekten und kontinuierlicher Optimierung ist entscheidend, um langfristig Wettbewerbsfähigkeit zu sichern.

Ein Prozess zur Reduktion von Pfadabhängigkeiten ist essenziell, um starren Strukturen entgegenzuwirken und die Flexibilität einer Organisation zu erhöhen. Durch die gezielte Analyse historischer Entscheidungen und die Identifikation ineffizienter Abläufe können Verbesserungen systematisch eingeleitet werden. Die Beseitigung der Pfadabhängigkeit durch Pfadaufbrechung (De-Locking) öffnet den Horizont für neue Möglichkeiten. Diese erste Methode hilft dabei, die notwendige Flexibilität zu entwickeln, mit der es möglich ist, disruptive Entwicklungen frühzeitig zu erkennen und diese für sich zu nutzen.

5.1 Der Einfluss von früheren Entscheidungen

Pfadabhängigkeit ist ein ökonomisches Konzept, das zunehmend an Bedeutung gewinnt. Es beschreibt ein strukturelles Problem in vielen Unternehmen. In der Vergangenheit getroffene Entscheidungen engen den Handlungsspielraum in der Gegenwart ein und blockieren innovative Entscheidungen für die Zukunft. Unternehmen halten an ineffizienten Verhaltensweisen fest, obwohl es bessere Alternativen gibt. Ein Paradebeispiel dafür ist die QWERTY-Tastatur. Ursprünglich wurde das Tastaturlayout so optimiert, dass Buchstaben, die häufig nebeneinander vorkommen, räumlich voneinander getrennt sind. Die mechanischen Schreibmaschinen des letzten Jahrhunderts arbeiteten mit kleinen Hämmern. Wenn zu schnell geschrieben wurde, verhakten sich die Hämmerchen. Daher wurden die Tasten so angeordnet, damit das Schreibe bewusst verlangsamt wurde. Das konnte bei den So etwas konnte bei den elektronischen Schreibmaschinen und später bei den Computertastaturen nicht mehr geschehen. Dennoch haben sich bessere Tastaturlayouts nie durchgesetzt (Sydow et al., 2009). Die Dvorak-Tastaturbelegung, die eine Optimierung darstellt, konnte sich nie durchsetzen, genauso wenig wie andere Ansätze von Tastaturlayouts (Tomczak et al. (2016)) Kein Anbieter wagt es, von diesem Paradigma abzuweichen. Auch die Nutzer zeigen wenig Interesse. Viele, die mit dem alten Layout Tippen gelernt haben, wollen sich nicht umstellen. Solche pfadabhängigen Systeme können ihrer eigenen Geschichte nicht entkommen (Martin, 2006). Gemäß Sydow et al. (2009) lässt sich Pfadabhängigkeit als ein etabliertes, potenziell ineffizientes Handlungsmuster definieren, das auf früheren Entscheidungen beruht und sich selbst verstärkt.

Pfadabhängigkeiten können nicht nur technologisch begründet sein, sie können auch auf sozialen, kulturellen und organisatorischen Festlegungen basieren. Die Auswirkungen sind immer dieselben. Handlungsmuster, die nicht zielführend sind und für die bessere Alternative bestehen, werden beibehalten.

> **Merke!**
>
> Pfadabhängigkeit ist definiert als ein etabliertes, potenziell ineffizientes Handlungsmuster, das auf früheren Entscheidungen beruht und sich selbst verstärkt. Pfadabhängigkeit kann technologische, soziale, kulturelle und organisatorische Wurzeln haben.

5.2   Die Entstehung von Pfaden

Das Prinzip der Historizität beschreibt, dass ökonomische Prozesse auf bereits getroffenen Entscheidungen von Organisationen basieren und somit nicht voraussetzungslos sind. Die Entscheidungspfade können zu Beginn noch unklar sein, verengen sich aber im Laufe der Zeit. Pfadabhängigkeit ist nicht grundsätzlich negativ zu bewerten. Die Verengung von Handlungsmöglichkeiten wirkt sich in vielen Situationen positiv aus. Sie reduziert Komplexität und erleichtert Entscheidungen bei der Umsetzung von Lösungen, da auf vorhandene Erfahrungen zurückgegriffen werden kann. Es kommt häufig zu einer Verbesserung der Kostenstruktur durch Skaleneffekte und im Erfolgsfall zu einer sich selbst verstärkenden Spirale (David, 1986).

Negativ ist, dass die ursprünglichen Festlegungen die Entwicklung neuer Handlungsmöglichkeiten einschränken. Viele kennen die Situation, dass nach einem Unternehmenswechsel Vorschläge auf wenig positive Resonanz stoßen. Aussagen wie „Das funktioniert bei uns nicht", „Das haben wir schon versucht und sind gescheitert" oder „Das wollen unsere Kunden nicht" führen zu Veränderungsresistenz gegenüber neuen Vorschlägen. Dabei wird übersehen, dass sich die Situation, in der frühere Entscheidungen getroffen wurden, grundlegend verändert hat. Neue Lösungsansätze werden nicht in Betracht gezogen, obwohl sie rational sinnvoll wären. Auch wenn dies kurzfristig nur geringe Konsequenzen hat, können sich diese langfristig zu Wettbewerbsnachteilen kumulieren (Schneeberger & Habegger, 2020) (Abb. 5.1).

Pfadabhängigkeit entwickelt sich nach Schreyögg et al. (2003) in drei Stufen. Die erste Stufe ist die Pfadgenese. Eine Organisation trifft grundlegende Entscheidungen, die zur Entstehung eines Pfads führen. Wenn er neu ist, bietet er viel Potenzial für Veränderungen. Die Verengung erfolgt schrittweise. Dies geschieht durch Entscheidungen, Initiativen oder Ideen der Organisationsangehörigen. Zu Beginn kann dies zufällig ge-

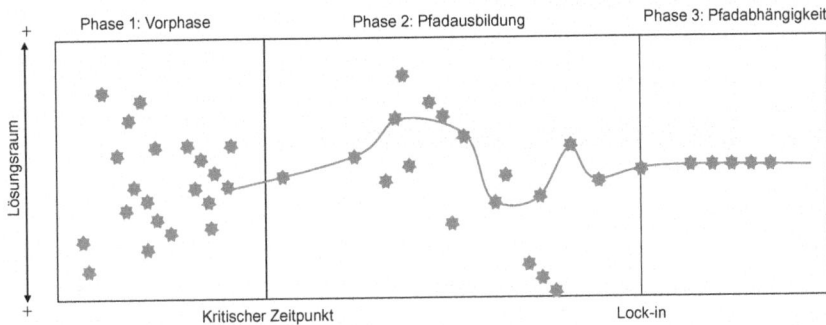

Abb. 5.1 Pfadabhängigkeit. (Adaptiert nach Schreyögg et al., 2003)

schehen oder auf einem Kontext basieren. Es bildet sich ein Pfad heraus, der sich von anderen unterscheidet.

Die nächste Stufe ist die Pfadausbildung. Einmal etabliert, neigen Systeme dazu, auf diesem zu bleiben und den Pfad zu vertiefen. Selbst wenn es effizientere oder rationalere Alternativen gibt, wird nichts geändert. Dies geschieht aufgrund unterschiedlicher Barrieren. Pfade schaffen Netzwerke, beispielsweise im Zusammenspiel von Kunden und Lieferanten, von denen abzuweichen mühsam wäre. Andere Barrieren können einen institutionellen Charakter haben. Wenn beispielsweise eine Technologie ausgetauscht werden müsste, hätte dies neue Ausschreibungen zur Folge, was mit Aufwand verbunden ist, den die Betroffenen vermeiden möchten. Kognitive Muster können ebenfalls eine Barriere sein. Wenn eine Person ein bestimmtes Textverarbeitungsprogramm gewohnt ist, möchte sie kein neues Nutzen, da der Lernaufwand zu hoch ist, selbst wenn dieses effizienter wäre. Diese Effekte verstärken den eingeschlagenen Pfad. Und verstärken die Wahrscheinlichkeit, dass das System auf diesem Pfad bleibt.

Die Pfadabhängigkeit entsteht in der letzten Phase. Der Pfad ist etabliert und es wird nahezu unmöglich, davon abzuweichen oder auf einen anderen Pfad zu wechseln. Der Grund ist, dass die Ressourcen, Strukturen und Normen des Systems auf den etablierten Pfad ausgerichtet sind. Spielraum für Abweichungen oder Innovationen besteht kaum noch. Die Initiierung von Veränderungen ist sehr anspruchsvoll, selbst wenn klarere oder effizientere Wege zur Verfügung stehen. Organisationen tendieren dann dazu, sich neuen Lösungen zu widersetzen, da die Umstellung in der Regel mit hohen Umstellungskosten verbunden ist und die Investitionen in den alten Pfad abgeschrieben werden müssen (z. B. Produktionsanlagen, Ausbildung, Personal, neue Prozesse).

> **Merke!**
>
> Pfadabhängigkeit basiert auf bereits getroffenen Entscheidungen und verengt im Laufe der Zeit die Handlungsmöglichkeiten. Dies kann sowohl positiv sein, indem es Komplexität reduziert und Skaleneffekte ermöglicht, als auch negativ, da es Innovationen und Anpassungen verhindert. Pfadabhängigkeit entwickelt sich in drei Stufen: Pfadgenese (Entstehung eines neuen Pfads), Pfadausbildung (Verfestigung des Pfads) und schließlich Pfadabhängigkeit, wo Abweichungen schwer umzusetzen sind. Veränderungen werden dann aufgrund hoher Umstellungskosten oft abgelehnt.

5.3   Technologische, institutionelle, ökonomische und soziale Pfadabhängigkeit

Pfadabhängigkeiten können verschiedene Formen annehmen. Unterscheiden lassen sich technologische, institutionelle, soziale und ökonomische Pfadabhängigkeiten. Diese können einzeln oder in Kombination auftreten.

Technologieabhängigkeit liegt vor, wenn für eine bestimmte Problemstellung andere Technologien effizienter wären, die etablierten Technologien aber dennoch weiter genutzt werden. Dafür gibt es mehrere Ursachen. Netzwerkeffekte bewirken, dass mit der zunehmenden Verbreitung einer Technologie diese für die Nutzer an Attraktivität gewinnt. Selbst wenn bessere Alternativen zur Verfügung stehen, verzichten die Anwender aus Gewohnheit auf einen Wechsel. Verstärkt wird dies durch Skaleneffekte. Die günstigeren Preise führen zu einem Lock-in, der den Wechsel erschwert oder verunmöglicht (Arthur, 1989).

Weitere Abhängigkeiten basieren auf positiven Rückkopplungen und auf etablierten Machtstrukturen. Gesetzliche Regelungen, Bürokratien oder andere Regelwerke schreiben den Status quo fest. Dies liegt daran, dass die Erstellung solcher Regelungen Zeit verlangt und fast immer vergangenheitsorientiert ist. (Piersons, 1993). Allerdings schafft diese Institutionalisierung auch Sicherheit für diejenigen, die sich an die Normen halten.

Die ökonomische Pfadabhängigkeit beschränkt Investitionen auf bestehende Technologien, Märkte oder Anlagen. Im Vordergrund steht die Amortisation der alten Investitionen, selbst wenn sich die Ausgangslage verändert hat. Dieses Problem wird als „Sunk Cost Fallacy" bezeichnet. Es beschreibt das irrationale Verhalten, weiterhin in ein Projekt zu investieren, nur weil bereits Ressourcen aufgewendet wurden, obwohl zukünftige Kosten-Nutzen-Analysen negativ ausfallen (Arkes & Blumer, 1985).

Die soziale Pfadabhängigkeit bezieht sich auf Handlungen und Entscheidungen. Normen aus der Vergangenheit prägen zukünftige Entscheidungen. Diese Art der Pfadabhängigkeit entsteht durch die soziale

Kontrolle. Ein eingeübtes akzeptiertes Verhalten wird nicht verändert, da es sich als erfolgreich bewiesen hat. So wird beispielsweise ein in der Vergangenheit erfolgreicher Führungsstil beibehalten, obwohl er nicht mehr in die aktuelle Situation passt. Veränderungen sind dann nahezu unmöglich, da der soziale Druck zur Beibehaltung hoch ist. Die einmal etablierten Normen werden von Individuen und Gruppen verinnerlicht und durch soziale Interaktionen weitergegeben. Normabweichendes Verhalten wird sanktioniert, was die Aufrechterhaltung bestehender sozialer Muster unterstützt (Sewell, 1996).

Die gescheiterte IT-Umstellung der Stadt München zeigt exemplarisch auf, wie sich die verschiedenen Formen der Pfadabhängigkeit kumulieren können. Die Stadtverwaltung wollte ein Linux-basiertes Betriebssystem (LiMux) einführen und das Betriebssystem Windows und die darauf basierenden Applikationen migrieren. Der Grund war eine mögliche Kosteneinsparung. Außerdem sollte die Abhängigkeit vom Microsoft Konzern beseitigt werden. Im Jahr. 2017 entschied die Stadt, wieder zu dem Technologiekonzern zurückzukehren. Die technologische Pfadabhängigkeit bestand darin, dass in den Jahren zuvor auf Microsoft als Basis gesetzt wurde. Viele amtsspezifische Anwendungen basierten darauf. Ein Umstieg auf Linux wäre mit Portierungskosten und technischem Aufwand verbunden. Dieser Lock-in-Effekt erschwerte einen vollständigen Umstieg. Auf institutioneller Ebene verhinderten die Verwaltungsstrukturen einen Wechsel. Der Umstieg verlangte umfangreiche Mitarbeiterschulungen. Notwendig wurden auch neue Arbeitsabläufe und die institutionelle Einbindung des neuen Systems in die institutionellen Gesamtstrukturen. Die Verwaltung war über viele Jahre an die Nutzung von Microsoft-Produkten gewöhnt. Es bildeten sich Widerstände (Mülder et al., 2018). Eine institutionelle Pfadabhängigkeit zeigt sich hier in der fehlenden Bereitschaft, bestehende Arbeitsweisen und Organisationskulturen zu verändern. Aus ökonomischer Sicht sollten Einsparungen entstehen. Die Anfangsinvestitionen wurden allerdings unterschätzt. So waren unter anderem die Kosten für Mitarbeiterschulungen und die Migration höher als erwartet. Nach einigen Jahren zeigt sich, dass die Anfangsinvestitionen in Linux nicht die erhofften positiven wirtschaftlichen Effekte hervorbrachten. Die Pfade,

die sich durch die jahrelange Nutzung von Microsoft-Produkten heraus-
gebildet hatten, waren zu stark, um durch die Einführung einer Open-
Source-Alternative langfristig durchbrochen zu werden (Wölbert, 2020;
Schiffer, 2017).

Das Scheitern der Stadt München zeigt die Problematik. Technologisch war es schwierig, sich von einem marktbeherrschenden Anbieter zu
lösen, institutionell scheiterte die Umstellung an der Trägheit der Verwaltung und ökonomisch überstiegen die Umstellungskosten die erwarteten
Einsparungen.

> **Merke!**
>
> Pfadabhängigkeiten können technologischer, institutioneller, sozialer und
> ökonomischer Natur sein und sowohl isoliert als auch kombiniert auftreten.
>
> - Technologische Pfadabhängigkeiten entstehen, wenn etablierte Tech-
>   nologien trotz besserer Alternativen weiter genutzt werden.
> - Institutionelle Pfadabhängigkeiten beruhen auf Regelungen und Macht-
>   strukturen, die den Status quo festigen und Veränderungen erschweren.
> - Ökonomische Pfadabhängigkeiten treten auf, wenn Investitionen wei-
>   terhin in bestehende Technologien fließen, trotz ungünstiger Zukunfts-
>   aussichten.
> - Soziale Pfadabhängigkeiten beziehen sich auf kollektive Normen, die
>   sich nur schwer ändern lassen und eine Verhaltensänderung verlangen.

5.4 Pfadbaufbrechung (De-Locking)

Es gibt immer wieder Beispiele, die zeigen, dass sich Pfadabhängigkeiten beseitigen lassen. Am offensichtlichsten ist es, wenn eine neue
Technologie auftaucht, die keinen direkten Vorgänger hat. Ein Beispiel
dafür ist das iPhone. Es vereint MP3-Player, Kamera, Telefon, Spiele-
konsole, Messenger, Navigationssystem, Fitnesstracker und andere
Funktionen, die zuvor kein anderes Smartphone hatte. Hinzu kam eine
innovative Bedienkomponente. Das iPhone war das erste Mobiltelefon
ohne Tastatur. Anbieter wie Blackberry setzten lange Zeit auf Tastaturen,

und als sie diese durch Touchscreens ersetzten, war es zu spät (Die Presse, 2013). Andere Anbieter von Mobiltelefonen sind frühzeitig auf die Smartphone-Technologie umgestiegen. Neue Geschäftsmodelle können ebenfalls zum Aufbrechen von Pfaden führen. Pauschalangebote wie Jahreskarten für Bibliotheken, Schwimmbäder, Fitnessstudios oder den öffentlichen Nahverkehr gibt es schon lange. Dieses Flatrate-Konzept wurde auf neue Bereiche wie das Streaming von Musik und Fernsehen ausgeweitet, was damit sehr schnell erfolgreich wurde. Schreyögg et al. (2003) haben vier Ansätze beschrieben, wie sich Pfade aufbrechen lassen, um wieder Flexibilität zu gewinnen. Diskursive, ressourcenorientierte, systemische und verhaltensorientierte Ansätze bieten Möglichkeiten der Veränderung.

Um Pfade zu durchbrechen, beschreiben Schreyögg et al. (2003) zunächst den diskursiven Ansatz. Ziel ist es, durch das Einnehmen neuer Perspektiven Alternativen zu entdecken. Zu diesem Zweck werden Beobachter eingesetzt. Diese können Berater oder Beiräte sein, die Optimierungsvorschläge unterbreiten. Der verhaltensorientierte Ansatz setzt auf die Ausschaltung emotionaler Aspekte. Hier empfehlen die Autoren eine charismatische Transformation mit entsprechenden Führungspersönlichkeiten.

Systemische Ansätze zum Aufbrechen von Pfaden, wie der von Luhmann (1984), kennen pathologische Entwicklungen schon länger. Ziel ist es dabei, die Pfade in der Organisation durch neue Spielregeln aufzubrechen. Diese sind regelmäßig zu überprüfen, da sie mit der Zeit von der Organisation absorbiert werden und einen eigenen Pfad bilden. Wenn sich eine Organisation der Pfadabhängigkeit bewusst ist und den Status quo kennt und versteht, fällt es leichter, neue Möglichkeiten zu diskutieren. Eingefahrene Prozesse und Entscheidungen sind bewusst zu hinterfragen, so wie dies ein Psychotherapeut mit einem Patienten macht (Schreyögg et al., 2003).

Verhaltensorientierte Ansätze verlangen eine Veränderung in der Unternehmenskultur. Diese Transformation erfordert eine bewusste Auseinandersetzung mit den Werten und Normen der Organisation. Je älter diese sind, desto wahrscheinlicher behindern sie die Innovationsfähigkeit. Pfade entstehen durch emotionale Verstärkungsspiralen, durch propagierte Werte und Verhaltensweisen. Die Förderung einer offenen und flexiblen Kultur kann dazu beitragen, dass Mitarbeiter neue Ideen einbringen und Veränderungen akzeptieren (Krauß, 2008; Schreyögg et al., 2003).

Einer der schwierigsten Punkte ist der ressourcenbedingte Pfadbruch. Dies kann den Status quo zementieren. Erst durch die Bereitstellung von Ressourcen, meist in Form von finanziellen Mitteln, lässt sich eine grundlegende Veränderung herbeiführen. Schreyögg et al. (2003) führen als Beispiel den Profifußball an. Dort ist ein größerer Austausch von Ressourcen, sprich Spielern, in der Regel mit einem damit einhergehenden Trainerwechsel verbunden.

Externe Schocks und Krisen können Pfade schnell und drastisch unterbrechen. Schreyögg et al. (2003) bezeichnen diesen Effekt als Critical Junctures. Dies sind nicht planbar oder treten zufällig auf. Die COVID-19-Pandemie ist ein Beispiel für die Pfadaufbrechung in einem globalen Rahmen. Unternehmen, für die Heimarbeit unvorstellbar war, haben sich in kürzester Zeit verändert. Neue Arbeitsprozesse entstanden, Informatiklösungen zur Telearbeit wurden in kürzester Zeit eingeführt. Allerdings ist dieser Ansatz zu passiv. Es reicht nicht aus, nur auf Anreize von Außen zu reagieren.

Merke!

Nach Schreyögg et al. (2003) gibt es vier Ansätze, um bestehende Pfade zu durchbrechen:

- Der diskursive Ansatz, der durch neue Perspektiven Alternativen aufzeigt,
- der verhaltensorientierte Ansatz, der auf emotionale Neutralität setzt,
- der systemische Ansatz, der neue Regeln etabliert und
- und der ressourcenbezogene Ansatz, der durch Bereitstellung von Mitteln Veränderungen ermöglicht.

Externe Schocks wie die COVID-19-Pandemie können ebenfalls Veränderungen erzwingen, sind aber unvorhersehbar und reaktiv.

5.5 Prozess zur Reduktion der Pfadabhängigkeit

Ein Prozess zur Reduktion von Pfadabhängigkeiten ist entscheidend, um die Flexibilität und Anpassungsfähigkeit einer Organisation zu fördern. Indem bestehende Abläufe und Technologien systematisch analysiert werden, lassen sich veraltete und wenig wertschöpfende Prozesse identifizieren und durch neue Ansätze ersetzen.

Im ersten Schritt sind die bestehenden Strukturen genauestens zu erfassen. Hinzu kommen versteckte oder informelle Prozesse. Diese sind ebenfalls sichtbar zu machen und aufzudecken. Durch die Identifikation von Abhängigkeiten zwischen Prozessen und Systemen, lässt sich erkennen, wo Engpässe oder Ineffizienzen bestehen. Diese Erkenntnisse bilden die Basis für gezielte Veränderungen. Dort sind unnötige Aktivitäten zu eliminieren und die Effizienz ist zu steigern. Dazu sind im nächsten Schritt Ziele zu definieren.

Pilotprojekte und eine kontinuierliche Überprüfung der eingeführten Änderungen sind ebenfalls notwendig, um sicherzustellen, dass neue Ansätze funktionieren und auf das gesamte Unternehmen übertragbar sind. Nachdem dies erfolgreich geschehen ist, kann durch eine regelmäßige Messung der Resultate weiter optimiert werden (Abb. 5.2, Tab. 5.1).

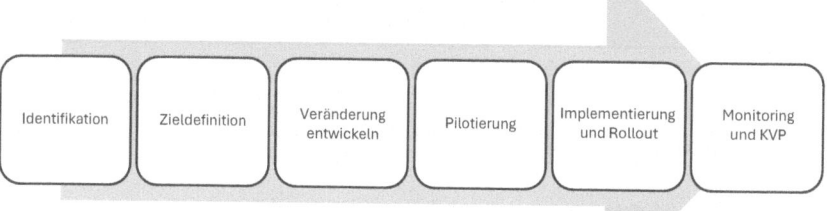

Abb. 5.2 Prozess zur Pfadaufbrechung

Tab. 5.1 Prozess Pfadabhängigkeit

Prozessschritt	Aktivitäten
1 Identifikation von Pfaden	- Analyse historischer Entscheidungen - Identifikation von veralteten Modellen - Prüfung der Abhängigkeiten auf Relevanz und Einfluss auf Effizienz und Flexibilität - Sammeln aller Dokumentationen, Weisungen, Arbeitsanweisungen, Richtlinien und Anleitungen, Erfassung aller Technologien und Systeme - Interviews mit allen Mitarbeitern, um versteckte und informelle Prozesse zu identifizieren, Identifikation von bekannten Hindernissen, Problemen, Frustrationen
2 Ziele definieren	- Definition von Zielen (Qualität verbessern, Output verbessern, Kosten senken, …) - Messbare KPIs definieren
3 Veränderung entwickeln	- Aufteilung des „Alten" in unabhängige Module - Anpassung/Neuentwicklung von Technologien, Geschäftsmodellen und/oder etablierte Kulturen
4 Pilotierung	- Auswahl eines Testbereichs - Implementierung des Piloten - Sammlung von Feedbacks - Auswertung der Ergebnisse (Vergleich alter und neuer Prozess anhand von KPIs) - Prozess optimieren anhand der Auswertung - Rollout bei einem Erfolg im Unternehmen
5 Implementierung & Rollout	- Implementierung der Neuerung Rollout im Unternehmen
6 Monitoring & KVP	- Regelmässiges Monitoring der Ergebnisse anhand der KPI - Etablierung von Feedbackloops Review der etablierten Pfade

5.6   Checkliste Pfadaufbrechung

Die nachstehende Checkliste hilft bei der Identifikation von Pfaden, aber auch bei der Entwicklung von Prozessen, die beim De-Locking helfen (Tab. 5.2).

Tab. 5.2 Pfadaufbrechung

Analyse	- Kennen die Mitarbeiter das Konzept der Pfadabhängigkeit?
	- Gibt es Ausbildungsformate zu der Thematik?
	- Welche Methoden sind für die Technologie-, Prozess- und Kulturanalyse vorhanden?
	- Sind Entscheidungspunkte dokumentiert oder lassen sich diese nachträglich dokumentieren?
	- Gibt es KPIs oder Best Practice um die aktuellen Prozesse mit anderen zu vergleichen?
	- Welche Datenquellen und Analysemethoden sind zur Identifikation von Pfadabhängigkeiten vorhanden?
Früherkennung	- Gibt es ein strukturiertes oder methodisches Vorgehen zur Früherkennung von Innovationen?
	- In welchem Umfang und wie erfolgt die Zusammenarbeit mit externen Experten, Beratern oder Startups?
	- Wie wird ein Kima der Offenheit erzeugt?
	- Gibt es Gremien und Boards, um Chancen und Risiken frühzeitig zu erkennen?
	- Welche Plattformen dienen dem regelmäßigen Ideenaustausch innerhalb der Organisation?
	- Wie erfolgt ein Trendmonitoring?
Verhalten	- Wie werden innovative Mitarbeiter entwickelt?
	- Gibt es Changeprozesse im Unternehmen?
	- Wie wird der Widerstand gegen Veränderungen minimiert und die Akzeptanz gefördert?
	- Wie wird sichergestellt, dass bewährte Praktiken organisationweit geteilt und angewendet werden?
	- Welches Anreizsystemen gibt es, um Innovation und Leistungssteigerung zu fördern?
	- Wirken die Anreizsysteme?
Systemische Anpassungen	- Welche neuen Entscheidungsprozesse und Governance-Strukturen werden eingeführt, um Agilität und Flexibilität zu fördern?
	- Wie helfen neue Strukturen schnelle rauf Veränderungen zu reagieren?
	- Wie werden Lessons Learned genutzt, um zukünftige Entscheidungen zu verbessern?
	- Wie wird der Wissenstransfer zwischen Abteilungen und Teams sichergestellt?
Innovations-förderung	- Welche Kriterien werden verwendet, um Pilotprojekte zu initiieren?
	- Wie werden neue Plattformen oder digitale Services getestet, die abseits des Kernbusiness liegen?
	- Wie wird sichergestellt, dass die notwendigen Ressourcen zur Innovationsförderung langfristig zur Verfügung stehen?
Reflexion	- Gibt es regelmäßige Review bezüglich Technologie, Organisation und Kultur?
	- Wie werden die Ergebnisse des Reviews genutzt, um Anpassungen und Verbesserungen vorzunehmen?
	- Wie wird sichergestellt, dass das gesammelte Feedback effektiv in die Weiterentwicklung der Organisation einfließt?

Literatur

Arkes, H. R., & Blumer, C. (1985). The psychology of sunk cost. *Organizational Behavior and Human Decision Processes, 35*(1), 124–140.

Arthur, W. B. (1989). Competing technologies, increasing returns, and lock-in by historical events. *The Economic Journal, 99*(394), 116–131.

David, P. A. (1986). Understanding the economics of QWERTY: The necessity of history. In W. N. Parker (Hrsg.), *Economic history and the modern economist* (S. 30–49). Basil Blackwell.

Die Presse. (2013). *Blackberry: Ohne Tastatur in den Untergang.* Die Presse. https://www.diepresse.com/1474531/blackberry-ohne-tastatur-in-den-untergang. Zugegriffen am 12.03.2025.

Krauß, C. (2008). Pfadveränderung in Organisationen. *Organisationsberatung, Supervision, Coaching, 15*(3), 295–306.

Luhmann, N. (1984). *Soziale Systeme. Grundriss einer allgemeinen Theorie.* Suhrkamp.

Martin, R. (2006). Pfadabhängigkeit und die ökonomische Landschaft. In C. Berndt & J. Glückler (Hrsg.), *Denkanstöße zu einer anderen Geographie der Ökonomie* (S. 47–76). transcript.

Pierson, P. (1993). When effect becomes cause: Policy feedback and political change. *World Politics, 45*(4), 595–628.

Schiffer, C. (2017, Oktober 9). *Bund der Steuerzahler rügt IT-Experiment in München.* BR24. https://www.br.de/nachrichten/netzwelt/bund-der-steuerzahler-ruegt-it-experiment-in-muenchen,QXZ87rS. Zugegriffen am 12.03.2025.

Schneeberger, S. J., & Habegger, A. (2020). *Ambidextrie – der organisationale Drahtseilakt: Synergie zwischen Exploration und Exploitation als Voraussetzung für die digitale Transformation. Digitale Transformation und Unternehmensführung: Trends und Perspektiven für die Praxis.* Springer.

Schreyögg, G., Sydow, J., & Koch, J. (2003). Organisatorische Pfade – Von der Pfadabhängigkeit zur Pfadkreation. *Managementforschung, 13*(13), 257–294.

Sewell, W. H. (1996). Historical events as transformations of structures: Inventing revolution at the Bastille. *Theory and Society, 25*(6), 841–881.

Sydow, J., Schreyögg, G., & Koch, J. (2009). Organizational path dependence: Opening the black box. *Academy of Management Review, 34*(4), 689–709.

Tomczak, T., Vogt, D., & Frischeisen, J. (2016). Wie Konsumenten Innovationen wahrnehmen Neuartigkeit und Sinnhaftigkeit als zentrale Determinanten. Business Innovation: Das St. Galler Modell, 187–209.

Wölbert, C. (2020, September 7). *Software in Behörden. Doch dann kehrte man zu Microsoft zurück. Was lässt sich lernen?* Heise Online. https://www.heise.de/hintergrund/Woran-LiMux-scheiterte-und-was-wir-daraus-lernen-koennen-4881035.html?seite=all. Zugegriffen am 12.03.2025.

6

Ambidextrie

„In Zeiten disruptiver Veränderungen ist Flexibilität wichtiger als Effizienz."

Gary Vaynerchuk

Inhaltsverzeichnis

Zusammenfassung Ambidextrie beschreibt die Fähigkeit von Unternehmen, gleichzeitig bestehende Geschäftsmodelle zu optimieren (Exploitation) und neue Innovationen zu entwickeln (Exploration). Diese doppelte Ausrichtung ist essenziell, um in dynamischen Märkten wettbewerbsfähig zu bleiben. Ambidextrie kann in drei Formen umgesetzt werden: sequenzielle Ambidextrie, bei der zwischen Exploitation und Explo-

F. Liebermann, *Disruptionen erkennen, meistern und nutzen*,
https://doi.org/10.1007/978-3-658-47195-8_6

71

ration gewechselt wird, kontextuelle Ambidextrie, die eine flexible Anpassung an Marktbedingungen ermöglicht, und strukturelle Ambidextrie, bei der getrennte Organisationseinheiten für beide Ansätze geschaffen werden.

Unternehmen müssen zwei grundsätzliche Arbeitsweisen beherrschen. In einem Modus müssen sie ihr Kernbusiness entwickeln und damit Geld verdienen. Dazu sind kontinuierliche Innovationen notwendig und die Sicherstellung einer hohen Kundenzufriedenheit. Im zweiten Modus ist es zwingend, in die Zukunft zu schauen. Disruptive Entwicklungen sind zu beobachten, genauso wie die Entwicklung von eigenen neuen Produkten und Dienstleistungen, die für die Organisation Neuigkeitswert haben. Ambidextrie ist eine Organisationsmethode, die den Umgang mit disruptiven Entwicklungen erleichtert.

6.1 Exploitation und Exploration als Grundlage der Ambidextrie

Ein sinnvoller Ansatz für den Umgang mit Disruption ist Ambidextrie. Für Unternehmen ändern sich die Rahmenbedingungen ständig. Damit können sie diese Situation besser bewältigen. Veränderungen im Wettbewerbsumfeld betreffen die Bereich Technologie, Prozesse, Kunden und Geschäftsmodelle. Unternehmen müssen parallel ihre bestehenden Lösungen optimieren und zukunftsorientierte Lösungen entwickeln (O'Reily & Tushman, 2011).

Ambidextrie stammt aus dem Lateinischen und setzt sich aus „ambo" für beide und „dextra" für „rechts, glücklich, geschickt" zusammen, was frei übersetzt „Beidhändigkeit" bedeutet. Sie soll Exploration und Exploitation ermöglichen (Benner & Tushman, 2003). Exploration beschreibt die Fähigkeit, Innovationen zu entwickeln, die eine erfolgreiche Zukunft der Organisation sichern. Es besteht ein Zukunftsbezug, da durch neues Wissen zukünftige Entwicklungsalternativen geschaffen werden. Ziel ist die systematische Entdeckung von Potenzialen, die das bestehende Geschäft erneuern. Dieser Weg ist risikoreich und mit Kosten verbunden, von denen man nicht weiß, ob sie sich auszahlen. Neues Wissen entsteht beispielsweise durch Experimente, Variationen von Lösungen oder neue Anwendungsideen. Daraus entwickeln sich neue Märkte, Technologien oder Prozesse (Lubatkin et al., 2006). Exploitation nutzt die vorhandene Wissensbasis und entwickelt diese weiter. Der Fokus liegt auf der Nutzung des Bestehenden durch die Anpassung an veränderte Umweltbedingungen. Dies kann durch Verfeinerung, Spezialisierung, Selektion oder Erfahrung geschehen (Hofbauer & Sangl, 2018). Ziel ist es, den Lebenszyklus des Angebots zu verlängern. Die Risiken sind in der Regel begrenzt, die Erträge gut kalkulierbar.

O'Reily und Tushman (2011) beschreiben Ambidextrie als dynamisches Konstrukt. Sie umfasst ein Set von Routinen wie Dezentralisierung, Differenzierung und Integration. Die Anwendung kann komplex sein. Es ist eine Managementaufgabe, solche komplexen Abwägungen zu steuern. Es muss einen gesunden Mix zwischen Exploration und Exploitation geben. Ein optimales Gleichgewicht ist anzustreben. Die Beziehung zwischen Exploitation und Exploration ist in der folgenden Tabelle dargestellt (Haberstock, 2023; Olivan, 2019) (Tab. 6.1).

Tab. 6.1 Unterschied Exploitation und Exploration

	Exploitation	Exploration
Schwerpunkt	Nutzen, Optimieren, Erhalten	Suchen, Experimentieren, Überdenken
Strategischer Fokus	Kosten, Effizienz, Profit, Kundennutzen	Innovation, Wachstum, Kundenwünsche umsetzen
Resultate	Vorhersagbar, unmittelbar sichtbar	Unsicher, langfristig sichtbar
Kritische Handlungsfelder	Effiziente & effektive Abwicklung des Business, inkrementelle Innovation	Kreative Entwicklung von neuem Business, radikale Innovation
Strukturmerkmale	Formalisierung, Zentralisierung, Kontrolle	Autonomie, Dezentralität, Agilität
Organisation	Formal, Routine, mechanisch	Agil, organisch
Kulturmerkmale	Sicherheitsdenken, Stabilität, hohe Qualität	Risikoneigung, Tempo, Flexibilität, Experimentieren
Führungsstil	Autoritär, top-down	Visionär, involvierend

Je nach Ausgangslage in der Organisation, sind unterschiedliche Formen der Ambidextrie sinnvoll anwendbar.

> **Merke!**
>
> Ambidextrie hilft Unternehmen, sich an sich verändernde Rahmenbedingungen anzupassen. Dazu verfolgt sie zwei Ansätze:
> - Exploitation optimiert bestehende Lösungen mit Hilfe von Innovationen, indem sie auf Effizienz, Stabilität und Profitabilität setzt.
> - Exploration geht bewusst Risiken ein, sucht neue Lösungen und setzt auf langfristige Innovationen, die das Unternehmen wachsen lassen.

6.2 Formen der Ambidextrie

Ambidextrie stellt hohe Anforderungen an die Organisation. Sie muss sicherstellen, dass alle Mitglieder das Konzept verstehen und unterstützen. Die Angehörigen von beiden Modi müssen gleichbehandelt werden, damit keine unnötigen Konflikte auftreten. Gleichzeitig sind Schulungsmaßnahem notwendig, um ein gemeinsames Verständnis zu erzeugen.

Grundsätzlich lassen sich drei verschiedene Formen der Ambidextrie unterscheiden, die Sequentielle, Kontextuelle und Strukturelle Ambidextrie.

6.2.1 Sequenzielle Ambidextrie

Die sequenzielle Ambidextrie ermöglicht es Unternehmen, beidhändig zu fahren. Sie konzentriert sich auf die Kernkompetenzen und fördert gleichzeitig Innovation und Wachstum. Dies wird durch einen flexiblen Wechsel zwischen den verschiedenen Modi ermöglicht. In der Exploitationsphase wird die Effizienz des Unternehmens durch die Optimierung von Prozessen und Strukturen gesteigert. Die Explorationsphase fördert Innovationen, ohne das Unternehmen zu stören. Der Faktor Zeit ist hier entscheidend. Ist ein neues Produkt entwickelt, steht die Exploration im Vordergrund. Danach gilt es, die Produktionsprozesse durch Exploitation zu optimieren und das Produkt kontinuierlich zu verbessern, bis es sich dem Ende seines Lebenszyklus nähert. Danach beginnt wieder die Exploration (Haberstock, 2023).

Exploitation und Exploration laufen nicht parallel, sondern sind zeitlich getrennt. Die daraus resultierende Flexibilität ermöglicht eine rasche Anpassung an veränderte Marktbedingungen. Chancen, die sich auf neuen Märkten oder durch innovative Technologien ergeben, können so genutzt werden. Die Unternehmen erhalten ihre Wettbewerbsfähigkeit und schützen sich gleichzeitig vor unvorhergesehenen Risiken.

Die sequenzielle Ambidextrie hat zwar ihre Vorzüge, stellt jedoch auch Herausforderungen dar. Es kann herausfordernd sein, einen reibungslosen Übergang zwischen verschiedenen Geschäftsmodellen sicherzustellen, was einer der wesentlichen Nachteile ist. In Phasen des Wechsels von einem Modell zum anderen können sich Organisationen in einem Zustand der Unsicherheit und Instabilität befinden. Dies könnte dazu führen, dass innere Konflikte entstehen und sich Veränderungen widersetzen. Ein weiterer Nachteil besteht darin, dass man eine angemessene Balance zwischen Exploration und Exploitation finden muss. Ein Unternehmen, das sich zu sehr auf die Exploitation konzentriert, könnte Chancen für Innovationen übersehen. Unternehmen, die sich zu sehr auf die Exploration konzentrieren, könnten möglicherweise ihre vorhandenen Ressourcen vernachlässigen und kurzfristige Rentabilitätsverluste erleiden.

6.2.2 Kontextuelle Ambidextrie

Kontextuelle Ambidextrie bezieht sich auf die Fähigkeit eines Unternehmens, die Formen der Ambidextrie in unterschiedlichen organisatorischen Kontexten flexibel anzuwenden. Das bedeutet, dass ein Unternehmen in der Lage sein muss, seine Exploitations- und Explorationsaktivitäten an spezifische Anforderungen und neue Herausforderungen sich verändernder Marktbedingungen anzupassen. Zum Beispiel könnte ein Unternehmen in einem etablierten Markt mit konstanten Konditionen vor allem darauf abzielen, seine bereits vorhandenen Produkte oder Dienstleistungen zu verbessern und die Effizienz zu erhöhen. Allerdings sollte das Unternehmen, wenn sich das Marktumfeld rasch verändert oder neue Technologien auf den Markt kommen, vermehrt auf Exploration setzen. Dann liegt der Schwerpunkt auf neuartigen Lösungen und der Anpassung an die neuen Umstände (Gilbert & Maier, 2022).

Die Stärke der kontextuellen Ambidextrie liegt in der Dynamik. Die Unternehmen können je nach Marktsituation schnell und flexibel reagieren. Die Prioritäten wechseln dann zwischen Exploitation oder Exploration hin und her. Dieser Ansatz ist organisatorisch komplex, was ein Nachteil sein kann. Die Fähigkeit zwischen den Modi zu wechseln und trotzdem eine klare strategische Fokussierung zu haben, kann in Unternehmensbereichen zu Schwierigkeiten führen. Darüber hinaus sind eine klare Kommunikationsstruktur und eine agile Organisation erforderlich. Ansonsten arbeiten die Bereiche nicht koordiniert zusammen.

6.2.3 Strukturelle Ambidextrie

Bei der strukturellen Ambidextrie bestehen separierte Organisationseinheiten innerhalb des Unternehmens. Die Bereiche sind auf unterschiedliche Ziele ausgerichtet. Damit ist es möglich, die etablierten Geschäftsmodelle mit Exploitation weiterzuentwickeln, während in der Explorationseinheit neue Möglichkeiten zu entwickeln sind. Ziel ist es hier, ein Gleichgewicht zu erreichen, welches Stabilität und Innovation optimiert.

Es entstehen im Rahmen der strukturellen Ambidextrie spezielle Organisationseinheiten, die sich ganz auf diese spezialisierten Aufgaben fokussieren können. Während eine Abteilung sich auf die Verbesserung bestehender Leistungen, Effizienzsteigerung und kurzfristige Gewinnmaximierung (Exploitation) konzentriert, erforscht eine andere Abteilung neue Ideen, innovative Produkt und identifiziert Marktlücken, mit dem Ziel eines langfristigen Wachstums (Exploration) (O'Reilly & Tushman, 2004, 2011). Die Trennung verhindert, dass sich die Einheiten gegenseitig blockieren. Jede kann sich nach ihren spezifischen Anforderungen entwickeln. So ist es auch den Teams möglich, sich klar zu fokussieren und die Energien und Ressourcen auf die Ergebnisoptimierung zu konzentrieren. Konflikte lassen sich so minimieren, da jeder seine Zuständigkeiten kennt. Für die Organisation lässt sich der Ressourceneinsatz optimal planen. Durch den fokussierten Einsatz von Zeit, Geld und Personal lassen sich sowohl kurzfristige Gewinne als auch langfristiges Wachstum anstreben.

Diese Form der Organisation hat die Schwäche, dass sich in den Organisationseinheiten Bürokratien herausbilden, die dann nicht mehr innovativ sind und das Modell lähmen.

6.2.4 Gemeinsamkeiten und Unterschiede

Bei der Analyse, welche Form der Ambidextrie zu wählen ist, müssen Unternehmen die Kunden, den Markt und die Ressourcen berücksichtigen. Je nach Ausgangssituation ist ein Ansatz zu wählen, der diese Parameter optimiert. Im Folgenden werden die verschiedenen Elemente im Überblick dargestellt (Tab. 6.2).

Merke!

- Bei der sequenziellen Ambidextrie findet ein flexibler Wechsel zwischen Exploitation und Exploration statt. Dies geschieht durch die zeitliche Trennung. Der Wechsel zwischen den Modi ist aktiv zu managen, da es sonst zu Instabilität und internen Konflikten kommt.
- Die kontextuelle Ambidextrie passt Exploitation und Exploration dynamisch an spezifische Marktbedingungen an. Die organisatorische Flexibilität ist hoch, die Komplexität kann zu Herausforderungen führen.
- Bei der strukturelle Ambidextrie sind Exploitation und Exploration in getrennte Organisationen gekapselt. Hier kann die nicht optimale Ressourcenallokation zu Problemen führen.

Tab. 6.2 Formen der Ambidextrie

	Strukturelle Ambidextrie	Sequenzielle Ambidextrie	Organisatorische Ambidextrie
Definition	Simultane Existenz verschiedener Einheiten für Exploitation und Exploration	Wechsel zwischen Exploitation und Exploration je nach Bedarf	Schaffung einer organisatorischen Kultur, die gleichzeitig auf Stabilität und Innovation ausgerichtet ist
Gemeinsamkeiten	Streben nach Ausgewogenheit zwischen Stabilität und Innovation Fähigkeit, kurzfristige Gewinne und langfristiges Wachstum anzustreben Notwendigkeit klarer Kommunikation und Koordination zwischen den Abteilungen	Anpassungsfähigkeit an wechselnde Marktbedingungen Fokus auf sowohl Exploitation als auch Exploration als Reaktion auf unterschiedliche Bedürfnisse	Streben nach organisatorischer Flexibilität Ziel, sowohl Bestehendes zu optimieren als auch Neues zu erforschen
Unterschiede	Klare strukturelle Trennung von Exploitation und Exploration Betonung auf spezifischen Aufgaben für jede Einheit	Wechsel zwischen verschiedenen Strategien und Geschäftsmodellen in einem sequenziellen Muster Flexibilität in der Anpassung an kurzfristige oder langfristige Ziele	Fokus auf Schaffung einer kulturellen Umgebung, die sowohl Stabilität als auch Innovationsbereitschaft unterstützt
Vorteile	Klare Fokussierung und Spezialisierung Effiziente Ressourcennutzung durch gezielte Zuweisung Anpassungsfähigkeit an unterschiedliche Marktbedingungen	Flexibilität in der Anpassung an Marktveränderungen Möglichkeit, sowohl kurzfristige Gewinne als auch langfristiges Wachstum zu verfolgen	Förderung einer kreativen und innovativen Arbeitskultur Möglichkeit, auf sich ändernde Marktbedingungen zu reagieren
Nachteile	Koordinationsbedarf zwischen den Einheiten Gefahr unterschiedlicher Organisationskulturen und Zielkonflikte	Potenzielle Unsicherheit während der Übergangsphasen zwischen Exploitation und Exploration Schwierigkeiten in der Findung der optimalen Balance	Herausforderungen bei der Schaffung einer ausgewogenen Organisationskultur Möglichkeit von Widerstand gegen Veränderungen und Innovationsbarrieren

6.3 Ambidextrie als Modell der Organisationsentwicklung

Ambidextrie hilft bei der Organisationsentwicklung. Wenn diese Herausforderung effizient umgesetzt wird, hat sie ein beachtliches Potenzial. Schwierig ist der Umgang mit den begrenzten Ressourcen. Die Effizienz im Kerngeschäft führt zu weniger Ressourcen bei der Entwicklung von neuen Geschäftsmodellen. Wer zu viel in das neue Geschäftsmodell investiert, kann das Bestandsgeschäft riskieren. Für das Management ist es eine wichtige Aufgabe, einen Mix zu finden, der Exploitation und Exploration mit ausreichenden Ressourcen versorgt (Nussbaum, 2022).

Vor der Einführung von Ambidextrie ist eine Organisationsanalyse durchzuführen. Neben der traditionellen Organisationsform sind auch die Themen Führung und Kultur in Betracht zu ziehen. Die Untersuchung der Unternehmensstruktur ist der erste Schritt, um Verbesserungsmöglichkeiten zu ermitteln. Es ist notwendig, Hierarchien, Kommunikationswege und Entscheidungsprozesse zu beachten. Normalerweise beeinträchtigt eine feste Hierarchie die Agilität, während eine flexible Struktur sie fördert (Schreyögg & Koch, 2009). Unternehmen, in denen explorative Tätigkeiten im Mittelpunkt stehen, brauchen offene Kommunikationswege und flachere Hierarchien (Tushman & O'Reilly, 1996). Die Organisationskultur hat einen maßgeblichen Einfluss auf den Umgang mit Risiken, Veränderungen und Unsicherheiten. Hierarchien haben meist eine blockierende Wirkung, wohingegen flexible Strukturen eine Lernkultur und Risikotoleranz besser fördern (Edmondson, 1999).

Die Führungskultur beeinflusst die Innovationskultur. Transactional Leadership ist meist auf die Aufrechterhaltung bestehender Prozesse und Strukturen ausgerichtet. Das ist meistens in einem stabilen Kernbusiness hilfreich. Synergie- und Skaleneffekte entstehen meist durch Stabilität. Transactional Leadership fördert dies und optimiert die Verwertung der bestehenden Strukturen. Zielvereinbarungen, Belohnungsanreize und Spielregeln stehen hier im Zentrum.

Transformational Leadership fördert Innovationen, indem es eine langfristige Vision verfolgt und die Mitarbeiter motiviert, über bestehende Grenzen hinaus zu denken. Dies geschieht unter anderem durch

Motivation und Inspiration, Führen durch Vorbild und das Eingehen auf individuelle Bedürfnisse (Greßer & Freisler, 2020).

Auch die Prozesslandschaft wirkt sich auf die Innovationsfähigkeit aus. Sie kann Pfadabhängigkeiten verstärken, aber auch Effizienz und Innovation unterstützen. Es ist daher zu analysieren, welche Prozesse angepasst werden müssen. Grundsätzlich stellt sich die Frage, ob diese stabilitäts- oder innovationsfördernd sind. Da es das Ziel ist, auf disruptive Entwicklungen vorbereitet zu sein, sollte die Frage im Mittelpunkt stehen, wie leicht sich das Unternehmen an neue Marktentwicklungen anpassen kann. Beim Innovationsmanagement geht es um die Bewertung bestehender Innovationsprozesse. Darunter fallen Themen wie Forschung und Entwicklung (F&E), Ideenmanagement und Innovationsförderprogramme. Es ist zu untersuchen, ob und wie diese Prozesse mit dem Kerngeschäft zusammenspielen. Dieser Aspekt ist sehr wichtig. Eine Innovationsabteilung, die ein Eigenleben entwickelt, ist nicht zielführend. Vielmehr muss es möglich sein, deren Input aktiv in das Unternehmen und dessen Kernprozesse einzubringen, um nachhaltige Wettbewerbsvorteile zu erzielen (Schreyögg & Koch, 2009).

Bei der Ressourcenausstattung ist zu prüfen, ob ein Unternehmen finanziell, technisch und personell in der Lage ist, Explorationskapazitäten bereitzustellen. Die Dualität der Ansätze muss sich auf die Finanz- und Ressourcenplanung auswirken. In Zeiten des Fachkräftemangels sind die Kompetenzen der Mitarbeiter im Innovationsbereich zusätzlich ein zentraler Erfolgsfaktor. Die im Unternehmen vorhandenen Fähigkeiten und Kompetenzen sind daraufhin zu untersuchen, inwieweit sie Ambidextrie fördern. Kompetenzlücken sind zu identifizieren und durch Weiterbildung oder Neueinstellungen zu schließen.

Durch die Entwicklung einer breiten Kompetenzlandschaft kann ein Unternehmen sowohl Stabilität als auch seine Innovationsfähigkeit sichern. Es muss immer klar sein, dass beide Bereiche notwendig sind (Tushman & O'Reilly, 1996). Ein weiterer Aspekt, der sich auf die Ressourcen auswirkt, sind die technologischen Fähigkeiten einer Organisation. Zu prüfen sind die Produktionslandschaft und deren Reifegrad. Darüber hinaus stellt sich die Frage nach der Flexibilität. Ist ein Unternehmen in der Lage, neue Technologien, Trends und Entwicklungen zu adaptieren und erfolgreich zu integrieren. Eine flexible und fortschrittliche technologische Basis ermöglicht es, Innovationen effektiv umzusetzen und gleichzeitig die Effizienz bestehender Prozesse zu erhalten (Jansen et al., 2006).

> **Merke!**
> - Vor der Implementierung der Ambidextrie ist eine Organisationsanalyse erforderlich. Dabei sind Unternehmensstruktur, Führungsstil und -kultur sowie die Prozesslandschaft zu betrachten. Flexible Strukturen und flache Hierarchien fördern Agilität und Innovationsfähigkeit, während starre Hierarchien diese behindern.
> - Die Führungskultur beeinflusst die Innovationskultur. Transactional Leadership fokussiert sich auf die Optimierung von Prozessen und Strukturen und ist im stabilen Kerngeschäft effektiv. Transformational Leadership fördert Innovationen durch Visionen, Motivation und individuelles Eingehen auf Mitarbeiter.

6.4 Prozess zur Implementierung von Ambidextrie

Die Einführung einer Ambidextrie kann in mehreren Schritten erfolgen. Am Anfang steht eine klare Zieldefinition. Dabei sollten kurz-, mittel- und langfristige Ziele in die Unternehmensstrategie integriert werden. Eine klar formulierte Vision, die die Bedeutung der Ambidextrie für die zukünftige Wettbewerbsfähigkeit des Unternehmens hervorhebt, dient zudem als Leitbild für alle Aktivitäten (O'Reilly & Tushman, 2013; Raisch & Birkinshaw, 2008).

Eine zweigleisige Organisationsstruktur ermöglicht es, Explorations- und Exploitationsaktivitäten parallel und unabhängig voneinander zu steuern. Gleichzeitig ist die Integration von Schnittstellen und Mechanismen notwendig, um die Zusammenarbeit in diesen Einheiten zu fördern. Dies schafft Synergien und Wissenstransfer. Darüber hinaus gilt es, klare Rollen und Verantwortlichkeiten zu definieren, um Konflikte zu vermeiden.

Schulungs- und Entwicklungsprogramme lehren Führungskräfte die notwendigen Fähigkeiten, um sowohl explorative als auch exploitative Aktivitäten effektiv zu managen (vgl. Smith & Tushman, 2005). Unterstützen kann die Einführung von Anreizsystemen, die innovations- und effizienzorientiertes Verhalten gleichermaßen belohnen. Dies lässt beispielsweise durch die Implementierung von Key Performance Indicators (KPIs) messen, die beide Aspekte abdecken (vgl. Jansen et al., 2009). Wichtig ist die Förderung einer offenen Kommunikation sowie die Vermittlung von Werten (Risikobereitschaft, Flexibilität, Lernbereitschaft), die Ambidextrie unterstützen (Birkinshaw & Gibson, 2004).

Ein System der strategischen Ressourcenallokation stellt sicher, dass sowohl das Kerngeschäft als auch innovative Projekte angemessen finanziert und unterstützt werden (Gibson & Birkinshaw, 2004). Darüber hinaus sollten Mechanismen zur Überprüfung und Optimierung des Ressourceneinsatzes implementiert werden, um flexibel reagieren zu können. Schließlich ist es wichtig, spezielle Budgets und Ressourcen für explorative Aktivitäten wie Innovationslabore, Kooperationen mit Start-ups oder Risikokapitalfonds bereitzustellen (vgl. O'Reilly & Tushman, 2013).

Zur Einführung der Ambidextrie in Unternehmen ist nachfolgend ein Prozess beschrieben (Abb. 6.1, Tab. 6.3).

| Ziel-definition | Organisations-analyse | Modell-entscheid | Ressourcen-zuordnung | Mitarbeiter schulen | Inbetriebnahme und Messung |

Abb. 6.1 Prozess Ambidextrie einführen

Tab. 6.3 Prozess Ambidextrie einführen

1 Zieldefinition	- Eine Vision ist zu entwickeln - Die kurz-, mittel- und langfristigen Ziele sind zu definieren.
2 Organisationsanalyse	- Die Organisation ist in Bezug auf die Innovationsfähigkeit und das bestehende Business zu untersuchen. - Die Ressourcenzuteilung ist zu analysieren. - Rollenmodelle und mögliche Konflikte sind zu prüfen.
3 Modellentscheid	- Basierend auf der Organisationsanalyse und der Zielsetzung ist der Entscheid für ein Modell der Ambidextrie zu treffen. - Anpassung/Neuentwicklung von Technologien, Geschäftsmodellen und/oder etablierte Kulturen
4 Ressourcenzuordnung	- Den Bereichen Exploitation und Exploration sind die Ressourcen zuzuweisen (Finanzen, Personen)
5 Mitarbeiter schulen	- Aufgaben, Kompetenzen und Verantwortungsbereiche sind festzulegen. - Die Mitarbeiter sind mit dem neuen Modell zu schulen.
6 Inbetriebnahmen & Messung	- Die Organisation ist in Betrieb zu nehmen. - Es ist ein Kennzahlensystem bezüglich der Ziele zu etablieren und die Werte sind zu messen.

6.5   Checkliste Ambidextrie

Die nachstehende Checkliste hilft bei der Evaluation, wie Ambidextrie einzuführen ist (Tab. 6.4).

Tab. 6.4 Checkliste Ambidextrie

Ziele	- Welche Ziele sind bezüglich der Ambidextrie kurz-, mittel- und langfristig erreichbar? - Wie lässt sich die Umsetzung der Ambidextrie messen?
Struktur	- Was sind die Kriterien für die organisatorische Zuordnung von Organisationseinheiten zur Exploration oder Exploitation? - Wie wird sichergestellt, dass beide Einheiten (Innovation und Kerngeschäft) mit den notwendigen Ressourcen ausgestattet sind, um parallel erfolgreich zu arbeiten? - Wie lässt ich der Wissenstransfer zwischen den Einheiten sicherstellen? - Welche Tools und Prozesse werden entwickelt, um den Austausch zwischen den Einheiten zu erleichtern? - Welche Rollen werden für die Organisation definiert? - Wie lassen sich Rollenkonflikte vermeiden? - Wer ist für das Konfliktmanagement im Falle von Problemen zuständig? - Welche Schulungs- und Entwicklungsprogramme werden implementiert, um die Mitarbeiter in der Exploration und Exploitation zu entwickeln?
Kultur	- Welche Anreizsysteme werden entwickelt, um sowohl innovations- als auch effizienzorientiertes Verhalten der Mitarbeitenden zu fördern? - Welche KPIs werden festgelegt, um den Erfolg von sowohl explorativen als auch exploitative Aktivitäten objektiv zu messen und zu belohnen? - Welche konkreten Maßnahmen werden ergriffen, um eine offene Kommunikation und Werte wie Flexibilität, Risikobereitschaft und Lernbereitschaft innerhalb des Unternehmens zu fördern? - Wie wird sichergestellt, dass die Unternehmenswerte die explorativen und exploitative Aktivitäten gleichermaßen unterstützen und fördern?
Ressourcen-management	- Welche Kriterien werden verwendet, um die Ressourcenaufteilung zwischen den Bereichen optimal zu priorisieren? - Welche Mechanismen überwachen die Ressourcennutzung? - Wie wird der Erfolg der Ressourcennutzungsstrategien gemessen?

Literatur

Benner, M. J., & Tushman, M. L. (2003). Exploitation, exploration, and process management: The productivity dilemma revisited. *Academy of Management Review, 28*(2), 238–256.

Edmondson, A. C. (1999). Psychological safety and learning behavior in work teams. *Administrative Science Quarterly, 44*(2), 350–383.

Gibson, C. B., & Birkinshaw, J. (2004). The antecedents, consequences, and mediating role of organizational ambidexterity. *Academy of Management Journal, 47*(2), 209–226.

Gilbert, D. U., & Maier, A.-L. (2022). Digitale disruption und das innovator's dilemma. *Wirtschaftswissenschaftliches Studium, 52*, 10–17.

Greßer, K., & Freisler, R. (2020). *Ready for Transformation. Neue Arbeitswelt, digital und agil. Wie Sie als Führungskraft, UnternehmerIn und Change-Agent die Transformationsreise erfolgreich begleiten und die Organisation in eine gute Zukunft führen.* managerSeminare.

Haberstock, P. (2023). *Ambidextrie.* Gabler Wirtschaftslexikon. https://wirtschaftslexikon.gabler.de/definition/ambidextrie-123472/version-384720. Zugegriffen am 10.03.2025.

Hofbauer, G. & Sangl, A. (2018). Professionelles Produktmanagement. Der prozessorientierte Ansatz (3.Auflage). Publicis.

Jansen, J. J. P., Tempelaar, M. P., Van den Bosch, F. A. J., & Volberda, H. W. (2009). Structural differentiation and ambidexterity: The mediating role of integration mechanisms. *Organization Science, 20*(4), 797–811.

Lubatkin, M. H., Simsek, Z., Ling, Y., & Veiga, J. F. (2006). Ambidexterity and performance in small-to medium-sized firms: The pivotal role of top management team behavioral integration. *Journal of Management, 32*(5), 646–672. https://doi.org/10.1177/0149206306290712. Zugegriffen am 10.03.2025.

Nussbaum, J. (2022). Beidhändig führen. In S. Kaudela-Baum, S. Meldau, & M. Brasser (Hrsg.), *Leadership und people management* (S. 379–401). Springer. https://doi.org/10.1007/978-3-658-35521-0_25, Zugriffsdatum an: 10.03.2025

O'Reilly, C. A., & Tushman, M. L. (2004). *The ambidextrous organization.* Harvard Business Review. https://hbr.org/2004/04/the-ambidextrous-organization. Zugegriffen am 10.03.2025.

O'Reilly, C. A., & Tushman, M. L. (2011). Organizational ambidexterity in action: How managers explore and exploit. *California Management Review, 53*(4),

5–22. https://www.hbs.edu/faculty/Shared%20Documents/conferences/2015-strategy-research/Organizational%20Ambidexterity%20in%20Action.pdf. Zugegriffen am 10.03.2025.

O'Reilly, C. A., III, & Tushman, M. L. (2013). Organizational ambidexterity: Past, present, and future. *Academy of Management Perspectives, 27*(4), 324–338.

Olivan, P. (2019). *Methode zur organisatorischen Gestaltung radikaler Technologieentwicklungen unter Berücksichtigung der Ambidextrie. Schriftenreihe zu Arbeitswissenschaft und Technologiemanagement.* Faunhofer. https://elib.uni-stuttgart.de/bitstream/11682/10656/3/PatrickOlivan-Dissertation-Ambidextrie_Methode_Organisation.pdf. Zugegriffen am 10.03.2025.

Raisch, S., & Birkinshaw, J. (2008). Organizational ambidexterity: Antecedents, outcomes, and moderators. *Journal of Management, 34*(3), 375–409.

Schreyögg, G., & Koch, J. (2009). The concept of path dependence: An introduction. *Organization Studies, 30*(4), 321–335.

Tushman, M. L., & O'Reilly, C. A. (1996). Ambidextrous organizations: Managing evolutionary and revolutionary change. *California Management Review, 38*(4), 8–30.

7

Information Scouting

„Information is the resolution of uncertainty."

Claude Shannon

Inhaltsverzeichnis

Zusammenfassung Informationsscouting ermöglicht Unternehmen, schwache Signale und Trends frühzeitig zu erkennen, um sich auf disruptive Entwicklungen vorzubereiten. Durch die gezielte Analyse von Technologien, Märkten, soziokulturellen Veränderungen und Wettbewerbern können Risiken minimiert und Innovationschancen genutzt

© Der/die Autor(en), exklusiv lizenziert an Springer Fachmedien Wiesbaden GmbH, ein Teil von Springer Nature 2025
F. Liebermann, *Disruptionen erkennen, meistern und nutzen,*
https://doi.org/10.1007/978-3-658-47195-8_7

werden. Ein systematisches Informationsmanagement ist zentral, um relevante Daten zu sammeln, zu analysieren, aufzubereiten und zielgruppengerecht bereitzustellen.

Mit Hilfe von Informationsscouting lassen sich Disruptionen vermeiden. Unternehmen entdecken dadurch schon frühzeitig schwache Signale und Trends, bevor sich diese massiv auf die Märkte auswirken. Die gezielte Analyse von Technologien, von Marktbewegungen und Veränderungen im Kundenverhalten gibt Unternehmen frühzeitig Hinweise, wie sie ihre Strategien anpassen und sich auf zukünftige Herausforderungen vorbereiten können. Dies verschafft ihnen einen Wettbewerbsvorteil. Gleichzeitig lassen sich dadurch Risiken minimieren und die Innovationskraft stärken. Proaktives Scouting fördert eine vorausschauende Planung und erhöht die Resilienz gegenüber disruptiven Entwicklungen.

7.1 Schwache Signale und Informationsmanagement

Im Kontext der Disruption spielt Information als Produktionsfaktor und Wissensquelle eine bedeutende Rolle. Disruption ist etwas, das in Phasen verläuft. Je früher sie erkannt wird, desto eher kann ein Unternehmen darauf reagieren. Ein wichtiges Ziel für Unternehmen muss es deshalb sein, frühzeitig an die relevanten Informationen zu kommen. Diese Informationen sind fast nie geheim. Vielmehr liegen diese offen auf dem Tisch, werden aber wie der Elefant im Porzellanladen übersehen. Der Wissenschaftler Igor Ansoff hat sich mit dem Thema der „schwachen Signale" intensiv auseinandergesetzt. Ansoff (1975) hat diese Problematik an militärischen Beispielen (Pearl Harbor) untersucht, aber auch an Technologien (Transistoren) und wirtschaftlichen Entwicklungen (Stagflation). Diese schwachen Signale sind frühe Hinweise auf zukünftige Entwicklungen, Trends oder Veränderungen in einem abgrenzbaren Themenbereich. In der Regel sind sie unvollständig, unsystematisch und schwer zu interpretieren, da sie nur in einem kleinen Teil vorhanden sind und sich noch nicht in der Breite durchgesetzt haben. Trotz ihrer Unklarheit können schwache Signale wertvolle Informationen liefern, um zukünftige Veränderungen oder Innovationen zu antizipieren, bevor sie sich zu ausgeprägten Trends oder disruptiven Ereignissen entwickeln. Neue Technologien (Elektromobilität, KI), sich verändernde gesellschaftliche Werte (Klimaschutz, Nachhaltigkeit), neue Konsumgewohnheiten (Veganismus, Streaming) oder andere Veränderungen sind Beispiele dafür. Am Anfang treten die Neuerungen nur bei marginalen Gruppen auf, bis sie sich in der Breite etablieren.

Unternehmen, Organisationen und Forschungseinrichtungen nutzen in der Zukunftsforschung schwache Signale, um ihre Strategien zu optimieren und rechtzeitig auf neue Herausforderungen und Chancen zu reagieren. Beispiele für schwache Signale sind beispielsweise:

- Erste Berichte über neue technologische Entdeckungen oder Forschungsergebnisse.
- Veränderungen, wie bestimmte Konsumentengruppen ein Produkt wahrnehmen.
- Neu entstehende Nischenmärkte oder Start-ups mit innovativen Geschäftsmodellen.
- Soziale Medien-Diskussionen über neue Trends, die noch nicht in den Mainstream-Medien angekommen sind.

Ein Bereich Informationsmanagement im Unternehmen ist hilfreich, um diese schwachen Signale auffangen zu können. Neben den klassischen Produktionsfaktoren Kapital, Arbeit und Boden, hat sich die Information als Weiterer etabliert. Information war schon in der Vergangenheit wichtig für den Unternehmenserfolg. Diejenigen, die neue Trends rasch erfassten, wurden erfolgreich. Das Informationsmanagement umfasst die systematische Identifikation, Beschaffung, Verarbeitung, Speicherung und Verteilung von Informationen, die für strategische und operative Entscheidungen relevant sind (Krcmar, 2010). Die Organisationseinheit sollte klar definierte Rollen und Verantwortlichkeiten haben, einschließlich Technologie-, Markt- und Wettbewerbs-Scouting-Teams, die eng mit den relevanten Abteilungen wie F&E, Marketing und Strategie zusammenarbeiten.

Studien belegen, dass Unternehmen, die proaktiv Innovations- und Trendscouting betreiben, signifikant höhere Innovationsraten und Markterfolge erzielen als Unternehmen, die das nicht tun (Hauschildt & Salomo, 2005). Salerno et al. (2015) haben herausgearbeitet, dass es nicht ausreicht, einen Prozess zu entwickeln. Erfolgreiche Unternehmen nutzen mehrdimensionale Ansätze. Um die Innovationsfähigkeit zu verbessern, ist es sinnvoll, eine Systematik zu entwickeln, die Handlungsfelder mit Informationen verknüpft. Neben der Früherkennung von Trends bietet Scouting die Chance, Risiken zu erkennen, zu minimieren und zu eliminieren.

Merke!
- Schwache Signale sind frühe, oft vage und unklare Hinweise auf zukünftige Entwicklungen, Trends oder Veränderungen in einem bestimmten Bereich oder Kontext. Sie sind in der Regel unvollständig, unsystematisch und schwer zu interpretieren, da sie nur in einem kleinen Teil eines Systems erkennbar sind.
- Informationsmanagement umfasst die systematische Identifikation, Beschaffung, Verarbeitung, Speicherung und Verteilung von Informationen, die für strategische und operative Entscheidungen relevant sind.

7.2   Identifikation von Handlungsfeldern

Im Rahmen des Trend- und Innovationsscoutings gibt es mehrere Handlungsfelder und Themen, in denen Unternehmen Informationen sammeln sollten. Untersuchungsgegenstand sind Technologien, Märkte, soziokulturelle Faktoren, Umwelteinflüsse und der Wettbewerb.

Technologiescouting ist für fast alle Themenbereiche ein bedeutendes Thema. Da es nicht nur um die produzierten Produkte geht. Wichtig sind auch Verfahrensweisen und Produktionsmittel, die bei der Herstellung von diesen helfen. Ziel ist es, technologische Trends frühzeitig zu erkennen und deren Potenzial für das Unternehmen abzuschätzen. Dazu zählen die Patentanalyse, die Auswertungen wissenschaftlicher Publikationen, die Durchführung von Marktanalysen, die Lektüre von Fachzeitschriften und der Besuch von Technologiemessen. Rohrbeck (2010) betont, dass die Nutzung eines Expertennetzwerkes ebenfalls entscheidend für die erfolgreiche Durchführung des Technologiescoutings ist. Experten können helfen, sich in der Menge der Informationen zurechtzufinden. Darüber hinaus sind diese zu ordnen und zu systematisieren. Der

Prozess des Technologiescoutings lässt sich in die Phasen Identifikation, Selektion, Bewertung und Diffusion unterteilen. In der Phase der Identifikation sind die Anwendungsfelder und relevanten Technologien zu definieren. Basis sind vorhandenes Know-how, technologische Potenziale und zukünftig gewünschte Funktionalitäten und Fähigkeiten. In der Selektionsphase werden Informationen gesammelt. Diese können aus unterschiedlichen internen und externen Quellen stammen. Sobald diese vorliegen, erfolgt die Bewertung. Diese kann nach verschiedenen Kriterien wie Kosten, Nutzen, Risiken, Marktreife etc. erfolgen. Abschließend erfolgt die Verteilung der Ergebnisse an die involvierten Stellen, z. B. das Technologiemanagement, interessierte Fachspezialisten oder die Produktentwicklung (Berndt & Mietzner, 2019).

Mit dem Marktscouting sind Veränderungen und Trends in den Zielmärkten zu identifizieren. Klassische Methoden sind die Auswertung von Marktstudien, Wettbewerbsbeobachtungen und Kundenbefragungen (Tidd & Bessant, 2020). Im disruptiven Kontext sind Märkte zu analysieren, die scheinbar wenig Potenzial haben und nur Nischen adressieren. Potenzielle Teilnehmer an diesem Prozess sind diejenigen, die Kundenkontakt haben. Die Analyse kontinuierlich erhobener Kundendaten kann Veränderungen im Kundenverhalten erkennen. Zeitreihenanalysen helfen bei der Mustererkennung, um daraus zukünftige Kundenbedürfnisse abzuleiten. Auf Basis der strategischen Analysen lassen sich Marktanalysen durchführen und strategische Investitionen tätigen. In der Vergangenheit wurden solche Analysen bei Markteintritt oder Produkteinführung durchgeführt und dann nicht mehr in die Hand genommen. Disruptionen verändern diese Ausgangssituation. Unternehmen müssen sich ständig bewegen und Daten sammeln. Sie müssen die eigene Position kennen, um daraus abzuleiten, wie sie diese festigen können.

Soziokulturelles Scouting hat die systematische Erforschung und Bewertung von kulturellen und sozialen Trends, Gemeinschaften und Subkulturen und deren Einfluss auf das Konsumverhalten und die Marktdynamik zum Gegenstand. Aktuelle Beispiele dafür sind Themen wie Wissenskultur, Konnektivität, Ökologie, Individualisierung, Silver Society und Individualisierung (zukunftsInstitut, 2024). Die Auswirkungen auf Märkte sind immens. Ein Beispiel dafür sind Lebensmittel. Eine alternde Gesellschaft die Wert auf Ökologie legt, verlangt andere Produkte wie eine, die auf Familien und junge Menschen ausgelegt ist.

Die Analyse der Aktivitäten und Strategien der Konkurrenten ist ein zentraler Bestandteil des Wettbewerbsscouting. Ziel ist es, diese zu identifizieren, um daraus Erkenntnisse für die eigene Positionierung und Innovationsstrategie abzuleiten. Im Fokus stehen Stärken und Schwächen (Rohrbeck & Gemünden, 2011). Darüber hinaus sind jedoch weitere Analysen notwendig. Es stellt sich die Frage, welche Wettbewerber im gleichen Segment tätig sind. Hier sind Faktoren wie Preis und ähnliche Kundengruppen von Interesse. Beim Produktklassenwettbewerb geht es um die Frage, welche Unternehmen in einer ähnlichen Kategorie tätig sind und ihre Produkte in diesem Markt platzieren. Indirekte Konkurrenten sind ebenfalls relevant. Diese können Produkte mit der gleichen Grundfunktion anbieten (Gillner, 2021). Rogers (2016) hat herausgearbeitet, dass sich der Wettbewerb durch die Digitalisierung verändert und asymmetrisch wird. Er kann aus allen Richtungen kommen. Während früher Automobilhersteller mit anderen Automobilherstellern konkurrierten, kommen heute neue Akteure wie Apple oder Google hinzu. Sie drohen mit Technologien für autonomes Fahren den Markt zu besetzen oder Teile der Wertschöpfung der Automobilindustrie zu übernehmen.

Die Identifikation dieser Handlungsfelder entspricht in vielen Elementen einer PEST- bzw. STEP-Analyse (engl. Akronym für „Sociological, Technological, Economic and Political"). Die Berücksichtigung dieser Vielzahl von Hinweisen ist von entscheidender Bedeutung. Die Relevanz der einzelnen Quellen wird im folgenden Kapitel diskutiert.

Merke!

Beim Scouting sind vier Themenbereiche zu beachten:

- Beim Technologiescouting geht es um die Bewertung und Identifikation neuer Technologien durch die Analyse von Publikationen, Trends, Netzwerken und Patenten.
- Das Marktscouting berücksichtigt Marktveränderungen, Wettbewerbsbeobachtungen und Kundenfeedbacks zur Anpassung an neue Situationen und Rahmenbedingungen.
- Soziale und kulturelle Trends sind beim soziokulturellen Scouting zu beachten.
- Beim Wettbewerbsscouting geht es um die Stärken und Schwächen der Konkurrenz, um entsprechend reagieren zu können.

7.3 Quellen für das Scouting

Es existieren viele Quellen für das Scouting. Wissenschaftliche Publikationen sind oft schwierig zu lesen, haben aber einen hohen Neuigkeitswert. Sie bieten Zugang zu Forschungsergebnissen und theoretischen Entwicklungen in verschiedenen Fachbereichen. Die Analyse von Fachzeitschriften, Konferenzbeiträgen und wissenschaftlichen Büchern hilft Unternehmen frühzeitig neue Entwicklungen zu erkennen. Darüber hinaus sind etliche Quellen für Forschungsergebnisse (z. B. Social Science Research Network) sowie Ergebnisse von Institutionen (Max Planck, Fraunhofer) öffentlich und manchmal kostenlos zugänglich.

Ein weiterer Innovationsindikator sind Patentdatenbanken. Ihre Analyse ermöglicht es Unternehmen, den technologischen Fortschritt zu beobachten. Eine Patentschrift enthält zahlreiche Daten. Wichtig sind die Patentnummer, Veröffentlichungsdatum, Rechteinhaber und Informationen über den Inhalt, die Ansprüche und eine Beschreibung des Patents. Oft ist es günstiger, die Rechte an einem Patent zu erwerben, anstatt selbst etwas Neues zu entwickeln. Zumal das kommerzielle Potenzial nicht immer auf der Hand liegt. Da die Patentrecherche nicht einfach ist, setzen Spezialisten zunehmend Big-Data-Technologien ein (Wang & Hsu, 2020). Durch die Identifizierung und Analyse können Unternehmen strategische Entscheidungen über ihre eigenen Forschungs- und Entwicklungsprojekte treffen. Partnerschaften oder Lizenzvereinbarungen können sinnvoll sein, um Produkte weiterzuentwickeln oder bessere zu bauen. Die systematische Analyse von Patentanmeldungen und -veröffentlichungen zeigt Muster und Entwicklungen in bestimmten Technologiefeldern auf. Diese Erkenntnisse helfen Unternehmen, ihre Forschungs- und Entwicklungsstrategien anzupassen und in die richtigen Technologien zu investieren (Wang & Hsu, 2020). Die Zahl der Erteilten in der KI-Forschung zeigt steil nach oben. Gab es im Jahr 2010 noch 1999 Patente, so wurden 62264 Patente im Jahr 2022 erteilt (Statista, 2024).

Markt- und Branchenstudien stellen Informationen über aktuelle Markttrends, Kundenbedürfnisse und Wettbewerbsdynamiken zur Verfügung. Anbieter sind Marktforschungsunternehmen oder Branchenverbände, die Einblicke in die wirtschaftlichen und sozialen Faktoren bieten, die Einfluss auf Marktentwicklungen haben. Bei strategischen Entscheidungen können diese Informationen wertvoll sein. Marktchancen und Risikopotenziale lassen sich so besser abschätzen. Natürlich können Unternehmen auch selbst Daten erheben. Allerdings ist dies aufwendig und für kleinere Unternehmen meist zu teuer. Die Nutzung von Sekundärquellen und eigene Kundenfeedbacks können in Kombination nützlich sein. Bei der Auswertung der Marktanalyse können klassische Instrumente wie die 4C-Analyse (Customer, Competition, Cost, Capabilities) und die 4P-Analyse (Product, Place, Price, Promotion) eingesetzt werden (Kotler et al., 2015).

Es gibt eine Vielzahl weiterer Möglichkeiten, Trends und Innovationen aufzuspüren. Innovationswettbewerbe, Crowdfunding-Plattformen, Startup-Monitoring, Social-Media-Analysen, Megatrends, Messebesuche etc. können Input liefern. Für Unternehmen ist es sinnvoll, hier einen Prozess zu entwickeln und die Ergebnisse laufend zu evaluieren.

> **Merke!**
>
> Beim Informationsscouting können viele Quellen helfen:
>
> - Wissenschaftliche Publikationen bieten Zugang zu neuen Forschungsergebnissen und ermöglichen es, neue Trends frühzeitig zu erkennen.
> - Patentdatenbanken liefern detaillierte Informationen über neue Erfindungen. Sie helfen bei der Identifikation von Trends.
> - Markt- und Branchenstudien bieten Einblicke in Marktentwicklungen, Kundenbedürfnisse und Wettbewerbsdynamiken, die Unternehmen für strategische Entscheidungen nutzen können.
> - Zusätzliche Quellen wie Crowdfunding-Plattformen, Start-up-Monitoring und Social-Media-Analysen helfen, Trends und Innovationen frühzeitig zu erkennen und gezielt zu reagieren.

7.4 Informationen aufbereiten

Nach der Informationssammlung, sind diese aufzubereiten und zu strukturieren. Warum ist das wichtig? Häufig übernehmen Fachspezialisten diese Aufgabe, die diese Informationen auch verstehen. Damit das Management darauf basierend Entscheidungen treffen kann, müssen diese in eine Form gebracht werden, die auch für Nichtfachleute verständlich ist.

In einem ersten Schritt ist es sinnvoll Kategorien zu bilden. Die Kategorisierung kann unterschiedlich sein und sollte sich an den Zielen der Recherche orientieren. Beispiele sind folgende:

- Thematische Kategorisierung legt Fachthemen fest (z. B. Marketing, Finanzen).
- Die chronologische Kategorisierung umfasst zeitliche Kriterien (z. B. Jahr, Epoche)
- Bei der Geografie sind Räume ausschlaggebend (z. B. Länder, Regionen, Kontinente).
- Kundensegmente lassen sich in vielen Dimensionen abbilden (z. B. Einkommen, Geschlecht, Stammkunden)
- Bei den Zielgruppen stehen die Nutzer im Mittelpunkt (z. B. Management, Experten, Kunden, Öffentlichkeit)
- Eine Kategorisierung nach Quellen kann Auskunft übe die Informationsqualität geben (z. B. Primärquellen, Sekundärquellen, Medienberichte)
- Je nach Inhalt spielt die Relevanz als Kategorie eine Rolle (z. B. hochrelevant, zukünftig wichtig, geringe Relevanz)
- Die Vertraulichkeit prüft, wer Zugriff auf die Informationen bekommt (z. B. öffentlich, vertraulich, geheim, geschützt)

Im nächsten Schritt sind die Informationen zu priorisieren. Basierend darauf entstehen Handlungsoptionen, die zu entwickeln sind. Bei der Priorisierung lassen sich verschiedene Methoden anwenden, beispielsweise die Nutzwertanalyse, die MoSCoW-Methode (Must have, Should have, Could have, Won't have), das RICE-Scoring (Reach (Reichweite), I (Impact), C (Confidence), E (Effort)), das Kano-Modell oder etwas anderes. Der Einsatz der Methode hängt von den spezifischen Lösungsanforderungen und den unternehmerischen Gegebenheiten ab.

Ein weiterer Schritt bei der Informationsaufbereitung ist die Aggregation. Die Essenz der Informationen ist, sie in prägnanter und verständlicher Form darzustellen. Visualisierungen helfen dabei: Diagramme, Grafiken, Tabellen und andere Hilfsmittel unterstützen ein besseres Verständnis.

Durch die systematische Kategorisierung, Priorisierung und Aufbereitung von Informationen sowie deren Integration in Entscheidungsprozesse lässt sich sicherstellen, dass diese Informationen einen hohen Nutzen bringen. Dies fördert nicht nur die Innovation, sondern hilft auch, Risiken zu minimieren und Wettbewerbsvorteile zu sichern.

> **Merke!**
>
> Nach der Sammlung müssen Informationen strukturiert, kategorisiert und in einer für Nichtfachleute verständlichen Form aufbereitet und aggregiert werden, um fundierte Analysen zu erstellen, die als Entscheidungsbasis dienen.

7.5   Informationen bereitstellen

Nach der Informationsaufbereitung sind diese den Zielgruppen und Personen zur Verfügung zu stellen. Informationen werden zu Inhalten, wenn sie sich für Aktivitäten nutzen lassen und in Handlungen umgesetzt werden (Benevolo & Negri, 2007; Kuhlen, 1995).

Content Management Systeme (CMS) sind Informatiklösungen, die es ermöglichen große Datenmengen zu speichern, sie zu organisieren und für definierte Zielgruppen einen einfachen Zugriff zu gewährleisten. CMS haben Funktionen, die es erlauben, Informationen zielgruppengerecht bereitzustellen. Nützlich sind Dashboards. Das sind interaktive Oberflächen die einen Informationszugriff in Echtzeit bereitstellen. Sie stellen die relevanten Informationen visuell strukturiert dar und filtern Nutzloses heraus. Durch die Anpassung der Informationen an die spezifischen Nutzerbedürfnisse, reduziert sich der Zeitaufwand für das Suchen und Filtern. Die benutzergerechte Aufbereitung reduziert die kognitive Belastung, die durch zu viele Informationen entsteht. Laut Miller (1956) können Menschen in der Regel nur sieben Informationseinheiten gleichzeitig im Kurzzeitgedächtnis verarbeiten. Spezialisten für das Informationsdesign berücksichtigen dies und reduzieren die Komplexität. Durch die Verwendung von Rollen- und Rechteverwaltungsmechanismen ist gewährleistet, dass die Dashboards nur Daten anzeigen, die der jeweiligen Rolle des Mitarbeiters entsprechen.

Tab. 7.1 Informationsqualität, adaptiert nach Eppler (2001)

Probleme	Einfluss auf die Informationsqualität
Duplikate	- Widersprüchliche Empfehlungen oder Expertenmeinungen in einer Studie oder Analyse
Fehlende Beziehungen	- Unklare Zusammenhänge, Kontext ist nicht vorhanden oder relevant
Verzerrungen	Weitschweifige Ausführungen, keine Relevanz
Sprache	- Rechtschreibfehler, Grammatik, Sprache ist nicht kundenadäquat
Fehlende Aktualität	- Entscheide auf Basis von veralteten Informationen
	- Aktuelles Wissen fehlt
	- Neue Kontexte fliessen nicht ein
Falsch platzierte Daten und falsche Kodierung	- Die Informationen sind nicht an den richtigen Stellen abgelegt und werden deshalb nicht aufgefunden
Komplexität	- Die Systeme sind schwer zu bedienen und Informationen gehen deshalb unter
Falsche Einträge	- Die Informationen wurden fehlerhaft erfasst
Manipulationen	- Informationen wurden bewusst verfälscht oder verändert

Eine wichtige Anforderung an CMS und Dashboards ist Adaptivität. Das System verfolgt die Interaktionen des Benutzers und kann darauf basierend die Auswahl optimieren. Eine Herausforderung besteht in der Überpersonalisierung. Dies kann dazu führen, dass wichtige Informationen übersehen werden. Durch die Wartung und Pflege der Systeme und regelmäßige Benutzerfeedacks lässt sich das verhindern.

Eine weitere wichtige Aufgabe ist die Sicherstellung der Informationsqualität. Eppler (2001) hat Themen definiert, die sich auf die Informationsqualität auswirken (Tab. 7.1).

Bevor die Informationen an die User gehen, ist die Informationsqualität zu prüfen.

Merke!

Die aufbereiteten Informationen sind zielgruppengerecht zur Verfügung zu stellen. CMS und Dashboards helfen, die verschiedenen Rollen optimal mit Informationen zu versorgen.

7.6   Organisatorische Integration im Unternehmen

Eine erfolgreiche Implementierung von Informationsscouting erfordert definierte Organisationsstrukturen und Verantwortlichkeiten (Werther, 2022). Unternehmen sollten spezialisierte Teams oder Abteilungen einrichten, die sich auf dieses Thema konzentrieren. Sie sollten dezidierte Budgets und Ressourcen haben, um effektiv arbeiten zu können. Die Verantwortlichkeiten müssen präzise festgelegt werden, aber auch, welche Ergebnisse erwartet werden.

Die Organisation des Scouting ist so zu strukturieren, dass sie den effizienten Umgang mit Informationen innerhalb der Organisation sicherstellt. In einem ersten Schritt sind die relevanten Rollen zu definieren. Diese lassen sich in drei Bereiche gruppieren. Es sind Rollen für die Informationsbeschaffung, die Informationsbereitstellung und das Informationssystemmanagement notwendig.

Für die Informationsbeschaffung sind zwei Rollen relevant. Der Information Scout ist für die Informationsbeschaffung verantwortlich. Diese Person muss domänenspezifisches Wissen mitbringen und wissen, welche Quellen Informationen für zukünftige Entwicklungen liefern. In der Literatur wird häufig vom Technology Scout gesprochen (Rohrbeck, 2010; Klueter & Monteiro, 2017). Mit Information Scout wird der Begriff weiter gefasst, da das Scouting sich nicht nur auf Technologien bezieht, sondern auch auf Entwicklungen in Märkten, bei Geschäftsmodellen und im Kundenverhalten. Aufgaben des Information Scouts sind neben der Bereitstellung von Informationen, der Aufbau von Netzwerken, die Durchführung von Risikoanalysen und die Entscheidungsunterstützung.

Neben dieser Rolle wird ein Information Manager benötigt. Er muss Informationslücken identifizieren, Informationen klassifizieren und sich überlegen, wie diese sonst zugänglich machen lassen. Dieser hat zusätzlich die Aufgabe, eine Nutzungsstrategie für die Informationen zu entwickeln. Er organisiert die Verteilung der Informationen an die zuständigen Mitarbeiter und Organisationseinheiten. Im Idealfall kennt er den Informationsbedarf und weiß, wer welche Informationen benötigt. Der Informationsmanager ist verantwortlich für die Einhaltung interner (Zugriffsrechte, Governance, etc.) und externer Vorgaben (gesetzliche Regelungen, Branchenregelungen, etc.).

Für das Management der Informationssysteme sind die Mitarbeiter des Informatikbetriebs verantwortlich. Sie betreiben die Informationssysteme und sorgen dafür, dass diese zur Verfügung stehen. Dazu gehört auch die Aufgabe, Informationen langfristig zugänglich zu machen. Verlieren Informationen ihre Relevanz sind sie gegebenenfalls zu archivieren.

Die Datenschutzbeauftragten sind für die Einhaltung der gesetzlichen Richtlinien verantwortlich, insbesondere wenn personenbezogene Daten betroffen sind. Die Rollen für das Management von Informationssystemen sind in der Regel bereits in der IT-Abteilung eines Unternehmens vorhanden und müssen nicht neu geschaffen werden.

Die Tabelle zeigt die Aufgaben, Kompetenzen und Verantwortlichkeiten (AKV) der verschiedenen Rollen. Je nach Organisation können weitere hinzukommen oder wegfallen. Es ist nicht notwendig, dass diese Rollen in Vollzeit wahrgenommen werden. Je nach Größe der Organisation ist zu prüfen, wie viele Stellenprozente jeweils erforderlich sind (Tab. 7.2).

Merke!

Für die erfolgreiche Umsetzung von Technologie- und Innovationsscouting sind klar definierte Organisationsstrukturen und dezidierte Teams notwendig. Wichtige Rollen umfassen den Information Scout, der Informationen beschafft und analysiert, den Information Manager, der die Informationsstrategie entwickelt und verteilt, sowie IT-Operations, die für den stabilen Betrieb der Informationssysteme zuständig sind. Datenschutzbeauftragte stellen sicher, dass gesetzliche Richtlinien eingehalten werden, insbesondere bei personenbezogenen Daten.

Tab. 7.2 AKV der Rollen

Rolle	Aufgaben	Kompetenzen	Verantwortung
Information Scout	- Informations-recherche - Informations-analyse - Informations-aufbereitung	- Fachkompetenz im Zuständigkeitsbereich - Analytische Kompetenz - IT-Kompetenz - Kommunikations-fähigkeit	- Informationsqualität sicherstellen - Proaktive Information
Information Manager	- Entwicklung und Implementierung einer Informationsstrategie - Informationslücken identifizieren - Information klassifizieren - Information verteilen	- Fachkompetenz im Zuständigkeitsbereich - Analytische Kompetenz - IT-Kompetenz - Kommunikationsfähigkeit - Führungskompetenz	- Informationssicherheit - Einhaltung interner und externe Vorschriften - Risikomanagement - Verbesserung der Informationssysteme
IT Operations	- Sicherstellung des IT-Betriebs der Informationssysteme - Störungsmanagement - Backup und Disaster Recovery	- Technische Expertise - Problemlösungs-fähigkeiten - Kommunikationsfähigkeit - IT-Kompetenz	- Systemverfügbarkeit und -stabilität - Sicherheit der IT-Systeme - Einhaltung der Service Level
Datenschutz-beauftragter	- Überwachung von Datenschutzvorschriften - Durchführung von Audits - Beratung und Schulung	- Rechtskenntnisse im Datenschutz - Technische Kenntnisse - Kommunikationsfähigkeit - Integrität	- Einhaltung von Gesetzen - Reporting gegenüber der Unternehmensleitung - Beratung der Abteilungen/Mitarbeiter

7.7 Checklisten

7.7.1 Checkliste Scouting

Die Checkliste Scouting hilft dabei, ein Vorgehen zu entwickeln, wie eine Organisation an die relevanten Informationen kommt (Tab. 7.3).

Tab. 7.3 Checkliste Scouting

Thema	Fragestellung
Ziele definieren	- Was ist das Ziel des Scoutings? (Technologien identifizieren, Markttrends erkennen, Wettbewerbsanalyse)
Informationensbedarf ermitteln	- Welche kulturellen, technologischen, wettbewerbstechnischen und technologischen Veränderungen haben Einfluss auf das Unternehmen?
	- Was sind zukünftige Anwendungsbereiche und Märkte für die neuen Produkte?
	- Was sind Marktanforderungen und Trends?
	- Welche strategischen Einflussfaktoren sind gegeben?
	- Gibt es Good/Best Practices in anderen oder ähnlichen Bereichen?
	- Sind rechtliche oder regulatorische Anforderungen zu berücksichtigen?
Informationen sammeln	- Was sind die relevanten Informationsquellen? (z. B. Patente, wissenschaftliche Publikationen, Marktanalysen, Kundenfeedback, Technologiemessen)
	- Wie lassen sich die Informationen einsammeln?
	- Wer kann die Informationssammlung durchführen? (Interne Teams, externe Berater, Expertennetzwerke)
Information analysieren	- Sind die Informationen relevant?
	- Wie ist die Qualität der ermittelten Informationen?
	- Sind unwichtige oder redundante Informationen zu beseitigen?
	- Welche Bewertungsmethoden kommen zum Einsatz (z. B. Technology Readiness Level, Kosten-Nutzen-Analyse?)
	- Was die Chancen und Risiken die auftauchen?
	- Wie lassen sich die Informationen priorisieren?
Speicherung und Kommunikation	- Wie lassen sich die Informationen speichern?
	- Wie können die Informationen zugänglich gemacht werden?
	- Wer ist aktiv über die Erkenntnisse zu informieren?
	- Wie können die Informationen für zukünftige Scouting-Aktivitäten zugänglich gemacht werden?

7.7.2 Checkliste Informationsquellen

Die Checkliste Informationsquellen beschreibt verschiedene Quellen, die bei der Suche nach Informationen hilfreich sind (Tab. 7.4).

Tab. 7.4 Checkliste Informationsquellen

Online Informationen	- Suchmaschinen (nicht nur Google!)
	- Blogs, Social Media, Thematische Websites
	- Datensammlungen (Bundesamt für Statistik, Eurostat, Statista, …)
	- Forschungseinrichtungen und Institute (Universitäten, Fraunhofer, Max Planck)
	- Unternehmensberatungen (PWC, EY, Accenture, Deloitte, …)
	- Videos (Youtube, Ted, …)
	- Literaturdatenbanken (SSRN, ResearchGate, Google Scholar, Emerald, Springer, …)
	- KI Tools (ChatGPT, Gemini, Llama, …)
	- Patentdatenbanken (WIPO (World Intellectual Property Organization), USPTO (United States Patent and Trademark Office, …))
	- Marktforschungsberichte (Gartner, Forester, …)
	- Finanz- und Geschäftsberichte (Bloomberg, Reuters, …)
Offline Informations-beschaffung	- Mitarbeiter, Kollegen, Vorgesetzte, Auftraggeber (Interviews, Befragungen)
	- Andere Geschäftsbereiche und Unternehmen
	- Bibliotheken (Fachbibliotheken, Hochschulen)
	- Fachzeitschriften
	- Organisationen (Behörden, Unternehmen, Lieferanten, Ministerien, Verbände, Lobbygruppen, Vereine, …)
	- Messen und Konferenzen
	- Workshops, Fachseminare
	- Fach- und Expertennetzwerke
	- Marktforschung (Feldforschung, Marktbesuche, Befragungen, …)

7.7.3 Checkliste Informationsbereitstellung

Die Checkliste Informationsbereitstellung unterstützt bei der Analyse, wer welche Information in welcher Form bekommen soll (Tab. 7.5).

Tab. 7.5 Checkliste Informationsbereitstellung

Zielgruppenanalyse	- Wer sind die spezifischen Zielgruppen? - Was sind die Informationsbedürfnisse dieser Gruppen? - Über welches Vorwissen verfügen diese bereits?
Formate	- Sind die richtigen Medien vorhanden (Text, Bild, Ton, Video, …)? - Werden alle relevanten Plattformen unterstützt (Web, Mobile, …) und gibt es Anforderungen an die Barrierefreiheit?
Personalisierung	- Sind adaptive Elemente vorhanden, die auf Interaktionen reagieren? - Sind Rollen- und Benutzerprofile definiert? - Sind Inhalte personalisiert?
Informations- architektur	- Sind die Informationen so aufbereitet, dass sich die Nutzer einfach zurechtfinden? - Ist eine Suchfunktion vorhanden? - Wurden die Informationen mit Metadaten und Tags versehen, zwecks einer besseren Auffindbarkeit?
Feedbackfunktion	- Können Nutzer Feedbacks geben? - Gibt es KI oder Machine Learning Algorithmen, die das Nutzerverhalten auswerten und Feedbacks generieren? - Erfolgt eine automatisierte Relevanzüberprüfung der Informationen?
Sicherheit und Datenschutz	- Gibt es klare Regelungen bezüglich der Zugriffsrechte? - Entsprechen die Informationen den geltenden Datenschutzbestimmungen?

Literatur

Ansoff, H. I. (1975). Managing strategic surprise by response to weak signals. *California Management Review, 18*(2), 21–33.

Benevolo, C., & Negri, S. (2007). Evaluation of content management systems (CMS): A supply analysis. *Electronic Journal of Information Systems Evaluation, 10*(1), 9–22.

Berndt, M., & Mietzner, D. (2019). Die Entwicklung eines Technologie Radars für den IT-Mittelstand. *Wissenschaftliche Beiträge, 23*, 87–94.

Eppler, M. J. (2001). *A generic framework for information quality in knowledge-intensive processes*. ResearchGate. https://www.researchgate.net/profile/Martin-Eppler/publication/46914112_A_Generic_Framework_for_Information_Quality_in_knowledge-intensive_Processes/links/0a85e5360b61fab840000000/A-Generic-Framework-for-Information-Quality-in-knowledge-intensive-Processes.pdf. Zugegriffen am 10.03.2025.

Gillner, P. (2021). *Marketing Intelligence Analyse im deutschen Kochboxen-Markt. Von der integrierten Markt-und Wettbewerbsanalyse zum Competitive-Intelligence-Produkt am Beispiel von Marley Spoon*. Springer.

Hauschildt, J., & Salomo, S. (2005). Je innovativer, desto erfolgreicher? Eine kritische Analyse des Zusammenhangs zwischen Innovationsgrad und Innovationserfolg. *Journal für Betriebswirtschaft, 55*, 3–20.

Klueter, T., & Monteiro, F. (2017). How does performance feedback affect boundary spanning in multinational corporations? Insights from technology scouts. *Journal of Management Studies, 54*(4), 483–510.

Kotler, P., Burton, S., Deans, K., Brown, L., & Armstrong, G. (2015). *Marketing*. Pearson.

Krcmar, H. (2010). *Informationsmanagement* (5. Aufl.). Springer.

Kuhlen, R. (1995). *Informationsmarkt: Chancen und Risiken der Kommerzialisierung von Wissen*. UVK.

Miller, G. A. (1956). The magical number seven, plus or minus two: Some limits on our capacity for processing information. *Psychological Review, 63*(2), 81.

Rogers, D. L. (2016). *The digital transformation playbook: Rethink your business for the digital age*. Columbia University Press.

Rohrbeck, R. (2010). *Corporate foresight: Towards a maturity model for the future orientation of a firm*. Springer.

Rohrbeck, R., & Gemünden, H. G. (2011). Corporate foresight: Its three roles in enhancing the innovation capacity of a firm. *Technological Forecasting and Social Change, 78*(2), 231–243.

Salerno, M. S., de Vasconcelos Gomes, L. A., Da Silva, D. O., Bagno, R. B., & Freitas, S. L. T. U. (2015). Innovation processes: Which process for which project? *Technovation, 35*, 59–70.

Statista. (2024). *Anzahl der erteilten Patente im Bereich KI weltweit in den Jahren 2010 bis 2022.* Statista. https://de.statista.com/statistik/daten/studie/1321367/umfrage/anzahl-der-ki-patentanmeldungen-weltweit/#:~:text=Im%20Jahr%202022%20wurden%20weltweit,es%20noch%20rund%2038.000%20Patentanmeldungen. Zugegriffen am 10.03.2025.

Tidd, J., & Bessant, J. R. (2020). *Managing innovation: integrating technological, market and organizational change* (7. Aufl.). Wiley.

Wang, J., & Hsu, C.-C. (2020). A topic-based patent analytics approach for exploring technological trends in smart manufacturing. *Journal of Manufacturing Technology Management, 32*(1), 110–135.

Werther, S. (2022). Kreativität und Innovation in Organisationen–Relevante Ebenen der Betrachtung und zentrale Ansatzpunkte. In M. Landes, E. Steiner, & T. Utz (Hrsg.), *Kreativität und Innovation in Organisationen: Impulse aus Innovationsforschung, Management, Kunst und Psychologie* (S. 9–27). Springer.

zukunftsInstitut. (2024, März 12). *Die Megatrend-Map.* Zukunftsinstitut. https://www.zukunftsinstitut.de/zukunftsthemen/die-megatrend-map. Zugegriffen am 10.03.2025.

8

Fazit

„Der größte Feind des Fortschritts ist nicht der Irrtum, sondern die Trägheit."

Henry Thomas Buckle

Disruption ist kein neues Phänomen in der Ökonomie. Wenn Unternehmen die Zeichen der Zeit erkennen, können sie gestärkt aus disruptiven Entwicklungen hervorgehen. Tun sie es nicht, gehen sie unter. Neue Entwicklungen, ein solches Beispiel ist KI mit all seinen Auswirkungen, werden die Disruption in den nächsten Jahren weiter beschleunigen.

Die große Chance liegt in der gestaltenden Kraft, die von ihr ausgeht. Es entstehen neue Märkte, Geschäftsmodelle und Technologien, die eine Zukunft mit mehr Wohlstand ermöglichen. Viele Dinge, die wir täglich nutzen, sind so entstanden: Smartphones, Streamingdienste oder Carsharing. Ein Blick auf die neuen Technologien zeigt, dass diese nicht nur Effizienzsteigerungen ermöglichen, sondern auch völlig neue Formen der Wertschöpfung. Die Kunden profitieren von neuen Erlebnissen. Die Fähigkeit, Menschen zu begeistern, begründet den Unterschied zwischen den Gewinnern und den Verlierern.

© Der/die Autor(en), exklusiv lizenziert an Springer Fachmedien Wiesbaden GmbH, ein Teil von Springer Nature 2025
F. Liebermann, *Disruptionen erkennen, meistern und nutzen*,
https://doi.org/10.1007/978-3-658-47195-8_8

Gleichzeitig erzeugen diese Entwicklungen Risiken. Unternehmen mit traditionellen Geschäftsmodellen und deren Mitarbeiter verschwinden. Diejenigen, die sich auf ihre bisherigen Erfolge verlassen, laufen Gefahr, von neuen Marktteilnehmern verdrängt zu werden. Das gilt für Unternehmen und Arbeitnehmer. Firmen wie Thomas Cook, Galeria Karstadt oder Kettler wurden insolvent, während Berufe wie Druckvorlagenhersteller, Kartografen oder Reisebüromitarbeiter weitgehend verschwunden sind.

Disruptionen finden immer schneller statt, was den Druck auf Führungskräfte erhöht. Sie müssen, fundierte und zukunftsweisende Entscheidungen unter Unsicherheit treffen. Trotz der Risiken bietet Disruption enorme Chancen für Wachstum. Unternehmen, denen es gelingt, Innovationen konsequent in ihre Strategien zu integrieren, können nicht nur ihre Märkte dominieren, sondern auch neue Standards setzen. Die Zukunft wird viele Chancen bieten, wenn Unternehmen bereit sind, sich den Herausforderungen des Wandels zu stellen.

The manufacturer's authorised representative in the EU is Springer
Nature Customer Service Centre GmbH, Europaplatz 3, 69115 Heidelberg,
Germany. If you have any concerns regarding our products, please
contact ProductSafety@springernature.com

Printed and bound by CPI Group (UK) Ltd, Croydon, CR0 4YY

28/04/2026

02098541-0001